Do Diamante ao Aço

CONSELHO EDITORIAL
Ana Paula Torres Megiani
Eunice Ostrensky
Haroldo Ceravolo Sereza
Joana Monteleone
Maria Luiza Ferreira de Oliveira
Ruy Braga

Do Diamante ao Aço

O ilustrado Intendente Câmara e a verdadeira história da primeira fábrica de ferro do Brasil

AMÉRICO ANTUNES

2ª EDIÇÃO
REVISTA E AMPLIADA

Copyright © 2018 Américo Antunes

Grafia atualizada segundo o Acordo Ortográfico da Língua Portuguesa de 1990, que entrou em vigor no Brasil em 2009.

Edição: Haroldo Ceravolo Sereza
Editora-assistente: Danielly de Jesus Teles
Projeto gráfico, diagramação e capa: Mari Ra Chacon Massler
Revisão: Alexandra Colontini
Assistente acadêmica: Bruna Marques
Editora de projetos digitais: Marilia Chaves
Imagem da capa: Mapa de 1778 do engenheiro militar português José Joaquim da Rocha (reprodução de cópia do Arquivo Público Mineiro).

CIP-BRASIL. CATALOGAÇÃO NA PUBLICAÇÃO
SINDICATO NACIONAL DOS EDITORES DE LIVROS, RJ

A642d
2. ed.

Antunes, Américo
Do diamante ao aço : o ilustrado intendente câmara e a verdadeira história da primeira fábrica de ferro do Brasil / Américo Antunes. - 2. ed., rev e ampl. - São Paulo : Alameda, 2018.
 : il. ; 21 cm.
Inclui bibliografia

1. Brasil - História. 2. Siderurgia - Brasil - História. I. Título.

18-49752   CDD: 981
                 CDU: 94(81)

ALAMEDA CASA EDITORIAL
Rua Treze de Maio, 353 – Bela Vista
CEP 01327-000 – São Paulo – SP
Tel. (11) 3012-2403
www.alamedaeditorial.com.br

À memória de meu pai, João Antunes de Oliveira, que despertou-me para os trabalhos do Intendente Câmara

SUMÁRIO

Apresentação à primeira edição	9
I Triunfo do ferro	13
II De Caeté a Coimbra	27
III Viagens científicas	43
IV Caminhos do ouro	59
V Diamantes	73
VI Bahia	87
VII Fábrica de ferro	101
VIII Corrida do ferro	125
IX Máquinas e festins	139
X Garimpos e descaminhos	153
XI Revoltas e revoluções	165
XII Cortes gerais e independência	177
XIII Constituição sem constituinte	191
Tempos do Intendente Câmara	205
Bibliografia consultada	211

APRESENTAÇÃO À PRIMEIRA EDIÇÃO

O espírito empreendedor e festeiro que marca a alma do povo de Diamantina está presente com todo vigor na vida e na obra do Intendente Câmara, homem brasileiro de cultura e ação que implantou a primeira fábrica de ferro no início dos oitocentos.

Américo Antunes mergulha no estudo do desbravador nascido na hoje Itacambira, o mesmo que revela seu jeito peculiar de levar a vida. Ensina o povo de Diamantina, com sua sabedoria secular, que é com o espírito alegre que o homem melhor se credencia a realizar o progresso.

O Intendente Câmara, na visão de Américo, encarna o diamantinense típico, o homem que sonha e faz, vive o presente e planta o futuro.

Fernando Brant (1946-2015)
Belo Horizonte, dezembro de 1999

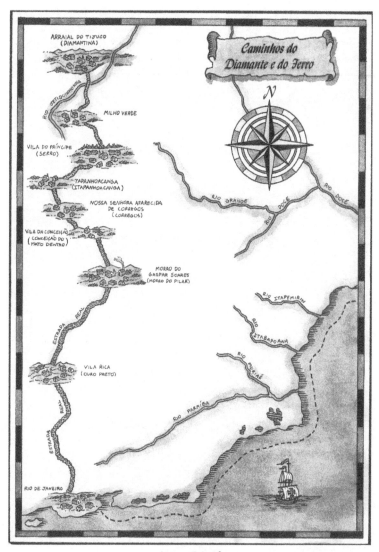

Autor: Daniel

I

TRIUNFO DO FERRO

Da Vila do Príncipe, cabeça da Comarca do Serro Frio da Capitania das Minas Gerais, tropeiros e viajantes traziam notícias da chegada iminente ao Arraial do Tijuco de uma tropa de 36 cavaleiros ricamente paramentados, escoltando três carros de boi carregados com mais de 180 arrobas[1] de ferro, fundidas no alto-forno da Real Fábrica de Ferro do Morro do Gaspar Soares. À frente da tropa, trombeteiros e tocadores de caixa e tambores cadenciavam a marcha do cortejo solene que havia saído do povoado do morro no dia 16 de outubro de 1815 em direção ao Tijuco, sede do famoso Distrito Diamantino, o primeiro enclave diamantífero descoberto pelos europeus no Ocidente.

A epopéia da fundição de ferro em alto-forno no Brasil tivera início seis anos antes, pelas mãos do intendente geral dos Diamantes, o desembargador Manoel Ferreira da Câmara Bethencourt e Sá ou simplesmente Intendente Câmara, como era chamado por todos. Com a transferência da *corte* portuguesa de Lisboa para o Rio de Janeiro em 1808, no dia dez de outubro daquele ano o príncipe regente, Dom João, autorizara o intendente a construir uma fábrica de ferro na Comarca do Serro Frio, com recursos do orçamento do Distrito Diamantino.

---

1 Antiga medida de peso equivalente a 15 quilos.

No ano seguinte, em cinco de abril de 1809, Manoel Ferreira da Câmara iniciou a implantação da Real Fábrica de Ferro no Morro do Gaspar Soares ou Morro do Pilar, como o pequeno arraial, hoje cidade, já era também chamado. Três anos depois, o alto-forno estava pronto, mas às primeiras tentativas de coadura do ferro os aparelhos soprantes quebraram e as suas paredes ameaçaram ruir devido às altas temperaturas. Novos ensaios seriam realizados nos anos seguintes até que às 13 horas do dia 15 de outubro de 1815 o ferro líquido verteu na Real Fábrica.

Tão logo a produção foi suficiente para carregar os três carros de boi, o intendente despachou emissários com as boas novas para o Arraial do Tijuco, atual Diamantina. Ao oficial da contadoria dos diamantes da Intendência, Caetano Luis de Miranda, ele ordenava que providenciasse uma festiva recepção à sua chegada com aquele carregamento que selava a epopéia do ferro e cuja produção em escala industrial iria substituir daí em diante o produto até então importado da Europa, usado nas lavras do Distrito Diamantino.

Enquanto os carros de boi rangiam vagarosamente pela estrada que serpenteia pelo mar de morros da Serra Geral[2] até o Tijuco, a notícia se espalhava pelos quatro cantos da Comarca do Serro Frio. No Arraial da Conceição, atual cidade de Conceição do Mato Dentro, primeiro pouso do caminho dos diamantes da Estrada Real depois do Morro do Gaspar Soares, o cortejo do ferro foi recebido no dia 16 de outubro em festa e regozijo, sob o repique estridente dos sinos das igrejas.

Do Arraial da Conceição, o cortejo deixaria a estrada pública que ligava a capital da capitania, Vila Rica, ao Tijuco e seguiria pela picada que o intendente mandara abrir até o povoado de Congonhas do Norte, que encurtava a distância entre a fábrica e a sede do Distrito Diamantino. Entretanto, a boa nova do feito do ferro no Morro do

---

2 Única cordilheira brasileira, a cadeia de montanhas é hoje conhecida como Serra do Espinhaço.

Pilar e do cortejo com 36 cavaleiros e três carros de boi ganharia vida própria e fama ao longo da Estrada Real, irradiando-se por toda a Comarca do Serro Frio depois de chegar à Vila do Príncipe.

Durante os seis dias de jornada pela Serra Geral desde a fábrica até o Tijuco, o Intendente Câmara pode contemplar, mais uma vez, a paisagem magnífica das montanhas rochosas e escarpadas, denominadas pelos índios em tupi-guarani de Ivituruí – morro de vento frio – daí, o batismo português de Serro Frio. Natural da comarca e primeiro brasileiro a ocupar o cobiçado cargo de intendente geral do Distrito Diamantino, Manuel Ferreira da Câmara relembraria a ousadia dos bandeirantes paulistas que há mais de cem anos desbravaram aqueles sertões ainda bravios, em busca de ouro e pedras preciosas.

Em 1702, o guarda-mor Antônio Soares Ferreira percorrera o Serro Frio até o rio Itacambiruçu, encontrando ouro em abundância nos afluentes do Jequitinhonha, entre eles os ribeirões Quatro Vinténs e Lucas, em torno dos quais floresceria a Vila do Príncipe, hoje cidade do Serro. Seu irmão, Gaspar Soares, descobrira ricos veios de ouro no morro, cujo povoado acabou batizado com o seu nome. E aos paulistas seguiram-se levas de baienses, de moradores de outras capitanias, do reino e de países da Europa, brotando no entorno das minas da comarca um emaranhado de povoações, como Conceição, Córregos, Tapanhoacanga, São Gonçalo do Milho Verde, São Gonçalo do Rio das Pedras, Tijuco, Rio Manso, Inhaí, Itacambira e as Minas Novas do Araçuaí, entre tantas outras.

Estudioso da mineração e das enormes riquezas que o ouro e os diamantes do Brasil propiciaram para Portugal, o Intendente Câmara apenas lamentava que ainda perdurassem nas minas técnicas rudimentares de mineração, que remontavam aos tempos dos primeiros descobridores. Por isso, ele tinha todos os motivos para se orgulhar daquele histórico cortejo do ferro. Afinal, desde os seus tempos de estudo na Universidade de Coimbra e, sobretudo, das viagens de pesquisa que fez pelo Velho Mundo entre 1790 e 1798, ele compreendera que sem a fabricação de ferro não haveria futuro para a mineração no Brasil; daí a sua obstinação pela fábrica do Morro do Gaspar Soares.

Mas se não bastasse o desconhecimento de pedras brasileiras que resistissem às elevadas temperaturas do alto-forno, a escassez de água na seca, as dificuldades técnicas e a falta de mestres-fundidores capacitados, o intendente se debatera com a viva oposição de muitos dos senhores principais do Tijuco durante os longos anos nos quais se prolongara a construção da Real Fábrica. Também na *corte*, no Rio de Janeiro, ele enfrentara críticas de ministros e de conselheiros do príncipe regente, como o engenheiro alemão Wilhelm Ludwig Eschwege, membro do Real Gabinete de Mineralogia, e em Vila Rica, atual Ouro Preto, de Dom Manuel Francisco Zacarias de Portugal e Castro, governador da capitania entre 1814 e 1821 e presidente dos dois primeiros governos provisórios.

Ao longo dos seus 51 anos de vida, desafios nunca lhe faltaram, embora o da fábrica tenha sido o maior deles. Porém, a corrida de ferro líquido no alto-forno mostrara que havia escolhido o caminho certo. E assim, apesar do cansaço da longa jornada de 25 léguas[3] desde o Morro do Gaspar Soares até o Tijuco, ele entraria solene, altivo e de cabeça erguida no arraial, à frente da tropa de cavaleiros e dos carros de boi carregados com as preciosas barras de ferro que finalmente produzira e moldara na Real Fábrica.

No Tijuco, o oficial Caetano Luis de Miranda havia se desdobrado, dia e noite, para que o Intendente Câmara fosse recebido com as honras devidas ao seu grande feito de fundir ferro em alto-forno pela primeira vez no Brasil. Antes de cavalgar na tarde do dia 21 de outubro até os campos do Pau-de-fruta, onde aguardaria o intendente liderando um numeroso contingente de cavaleiros, oficiais e soldados

---

3 Medida de distância equivalente a seis quilômetros.

em trajes de gala, o contador da Intendência passou a limpo as últimas providências para a recepção festiva.

Os soldados do regimento miliciano, em formação de batalha, dispariam a salva de tiros quando o cortejo do ferro chegasse à entrada do arraial, no alto da Serra de Santo Antônio, seguindo-se o pipocar dos fogos de artifício. Ao sinal dos tiros dos arcabuzes e dos foguetes, seriam acesas as tochas, archotes e luminárias distribuídas pelas casas ao longo do trajeto demarcado até o sobrado da Intendência, onde o ferro seria descarregado. E na descida da serra, o cortejo seria ainda cadenciado pelos acordes das marchas guerreiras executadas pela banda de música do Regimento dos Dragões, com seu instrumental completo.

Um ano depois, em novembro de 1816, "*O Investigador Português em Inglaterra ou Jornal Literário, Político, &c.*" – periódico mensal fundado em Londres pelo embaixador português Bernardo José de Abrantes e Castro e que tinha como um dos seus redatores à época o jornalista José Liberato Freire de Carvalho – traria uma vívida descrição das festas celebradas no Tijuco no dia 21 de outubro de 1815. Com o título "Primeira Fábrica de Ferro no Reino do Brasil", a matéria, escrita por um autor anônimo que se identificou apenas como "Amigo do Bem Público", ganhou quase nove páginas da edição de número 66 do jornal, descrevendo em detalhes as comemorações ocorridas no arraial.

Para a entrada triunfal do cortejo do ferro, reportou "*O Investigador Português em Inglaterra*", todos os bois foram enfeitados com fitas coloridas, enquanto os carros com enfeites campestres, e a sua rica carga adornada com folhas e flores do campo. Além disso, o oficial da contadoria, conhecido também pelo seu talento como artista, pintara os quadros e painéis que exaltavam a Real Fábrica e a importância da fabricação do ferro para a mineração no Distrito Diamantino e que retratavam também o príncipe regente Dom João, em meio a símbolos e ícones alusivos à realeza portuguesa.

À frente do primeiro carro de boi, via-se um quadro emoldurado por dizeres em latim com a imagem em tamanho natural do príncipe regente rodeado de emblemas e tendo aos seus pés moedas, decretos, alvarás, cartas régias e divisas das ordens militares. Na parte traseira do carro, podia-se ver o quadro da Real Fábrica de Ferro do Morro do Gaspar Soares, simbolizada na figura de uma bela dama, levada por um gênio alado sobre cumeadas, picos de montes e serras e entre nuvens e névoas, e trazendo nas mãos uma lâmpada usada pelos mineiros. No mesmo quadro viam-se, ainda, andaimes, guindastes, escadas, carretas, pás, bateias e outras ferramentas de mineração que demonstravam os vários usos do ferro.

O painel dianteiro do segundo carro trazia um quadro com a imagem do Marquês de Aguiar, Dom Fernando José de Portugal, presidente do Real Erário, tendo nas mãos a ordem régia com a qual o príncipe havia autorizado o Intendente Câmara a dar início à construção da Real Fábrica em 1808. No painel posterior, a fábrica era novamente representada pela mesma dama do primeiro carro de boi, só que agora pálida, como em desmaios, e com pequenas setas direcionadas ao seu peito; o que simbolizava as investidas dos opositores do empreendimento. Porém, o mesmo gênio do quadro posterior do primeiro carro protegia a dama e outras setas estavam despontadas e caídas aos seus pés, sendo que abaixo desenhos indicavam que o alto--forno e as forjas já estavam produzindo ferro.

O terceiro e último carro tinha no seu painel dianteiro a figura do gênio combatendo a inveja e o despeito, representadas por uma mulher feia e descarnada que lançava serpentes pela boca. Com uma mão, o gênio aponta-lhe a bigorna e o martelo e, com a outra, o céu límpido, aludindo às dificuldades já vencidas e de onde poderiam vir os auxílios celestiais para vencer novos obstáculos. No quadro posterior, finalmente, a representação era a da Real Fábrica já construída, debaixo da figura da mesma dama do primeiro e segundo carros, mas com o seu semblante alegre, vigoroso e animado. Ao seu lado, o gênio estava agora adornado com coroas de louros e outros símbolos, revelando, com a expressão orgulhosa, a posse definitiva dos conhecimentos e técnicas para produção de ferro em alto-forno no Brasil.

Com o cortejo ricamente adornado com tantas imagens, ícones, alegorias e mensagens e o belo espetáculo de sons e luzes, a entrada no arraial do primeiro carregamento de ferro da fábrica do Morro do Pilar atrairia centenas de homens, mulheres, crianças e escravos às ladeiras do Tijuco, cuja população estimava-se à época em *"seis mil almas"*, segundo o naturalista Auguste de Saint-Hilaire. De acordo com o "Amigo do Bem Público", autor da crônica, as *"ondas de povo"* foram tão dilatadas que obrigaram os cavaleiros a apear das montarias, para não atropelar os pedestres. E muitos, pasmos com a imagem serena do príncipe regente no quadro da frente do primeiro carro, exclamavam: *"Este é o nosso soberano, que mandou fazer o ferro, diziam alguns. Eis aí outra hora pedras, que ninguém sabia para o que prestavam, e hoje dão ferro!"*

Sempre acompanhado pela multidão, o cortejo desceu as ruas íngremes até o largo do sobrado da Intendência, ao lado da Sé de Santo Antônio, aonde chegou quando a noite já estava adiantada. O ferro foi então descarregado nos armazéns e a multidão começou a dispersar. Mas, entusiasmado com a calorosa recepção, o Intendente Câmara decidiu prolongar a festa, ordenando que o oficial Caetano Luis providenciasse convites para três jantares de gala nos dias seguintes. O primeiro jantar para os alto-funcionários da administração diamantina, o clero, os nobres e os senhores principais do arraial; o segundo para mercadores e comerciantes; e o terceiro jantar para os oficiais mecânicos da Intendência.

Na edição de novembro de 1816 do *"O Investigador Português em Inglaterra"*, o autor anônimo esmiúça esses jantares festivos que tiveram lugar na residência do intendente, situada em um alto da Serra de Santo Antônio em meio a jardins, chafarizes, tanques artificiais e bosques, e com vista privilegiada para boa parte do arraial e as escarpas da Serra de São Francisco.[4] Ao lado da esposa, Dona Matildes Flora de Oliveira Meirelles Ferreira da Câmara, ele recebeu os clérigos e nobres convidados para o primeiro jantar nos salões iluminados da soberba residência com *"abundância, suntuosidade e alegria"*. E aos brindes e vivas à saúde da rainha Maria I, mãe do príncipe regente, e à de Dom João, *"pelo incalculável bem que nos fez, dando-nos a propriedade do ferro"*, as salvas de tiros e o foguetório se sucederam, empolgando ainda mais os comensais.

No jantar para comerciantes e mercadores no dia seguinte, os brindes e vivas se estenderam à liberdade fabril e de comércio e ao lorde Arthur Wellesley, Duque de Wellington, o *"imortal defensor da liberdade do mundo"* que liderara o exército inglês na vitória sobre as forças do imperador Napoleão Bonaparte na batalha de Waterloo, em junho de 1815. Já no terceiro dia, 24 de outubro, brindou-se também *"à prosperidade que necessariamente deve vir a este país com a propriedade do ferro"* e, após todos os jantares, a música, a dança e a poesia encantaram os convidados. Entre as senhoras e damas que animaram os saraus e noites festivas, o "Amigo do Bem Público" destacou a filha do intendente e de Dona Matildes, Emília Carlota da Câmara, *"tanto pela sua bela voz, como bom estilo"*.

O último ato do triunfo do ferro no Tijuco se daria em um concorrido espetáculo teatral. Para a surpresa dos mais de cem convidados, ao levantar-se as cortinas do palco iluminou-se o retrato de Dom João em um trono, e, a seus pés, a figura de um velho gênio, simbolizando o rio Jequitinhonha, sobre os dizeres: *"O claro diamante, ouro luzente, com que, serranos, eu vos tenho ornado. Tudo é*

---

4   Hoje, conhecida como Serra dos Cristais. Já a residência do intendente era o casarão de dois andares à direita de quem sobe a rua da Glória em Diamantina, posteriormente ligado pelo singular Passadiço à edificação da esquerda, construída décadas depois, em meados do Século XIX.

nada ante o Príncipe Regente, do bem o maior bem que vos foi dado". Aplausos e vivas então retumbaram na sala lotada de teatro, até que os atores, acompanhados da orquestra, entoaram um hino em homenagem ao príncipe antes da encenação da peça pelos atores, reportou o *"Investigador Português em Inglaterra".*

Pela riqueza do relato, a crônica do ferro publicada pelo periódico português, que circulou em Londres entre 1811 e 1819 e rivalizava com o independente *"Correio Braziliense",*[5] também editado na Inglaterra, deve ter sido escrito por uma testemunha ocular das festividades celebradas no Tijuco, talvez o oficial da contadoria Caetano Luis, o próprio Intendente Câmara ou alguém que ele incumbiu da missão de escriba. Mas seja de quem for a lavra, trata-se de um registro de importância histórica inequívoca, reverenciada também pelos redatores na mesma edição 66 do jornal, na seção de "Reflexões sobre alguns artigos desse número".

Intitulada "Minas de Ferro no Brasil", a reflexão ocupou quatro páginas do periódico português, tecendo argumentos de que as minas de ouro e prata das Américas haviam *"empobrecido os seus possuidores para dar riquezas aos que não as possuíam"*, mas que tinham a indústria do ferro e o combustível para os seus fornos, o carvão, como a Inglaterra. Entretanto, com a produção do ferro – *"princípio fecundante e operante de todas as mais riquezas da agricultura e da indústria"* – o Brasil *"verá também por este meio ir correndo todo o ouro do mundo, até precipitar-se em seus cofres"*, profetizava o redator das reflexões.

"A par das razões, que temos apontado, como poderemos deixar de reconhecer a justiça com que o povo do Tijuco tão solene e magnifi-

---

[5] Impresso em Londres, o jornal fora fundado por Hipólito José da Costa Furtado de Mendonça que havia fugido de Portugal para a Inglaterra após safar-se das masmorras da Inquisição em Lisboa. A publicação, que circulou entre 1808 e 1822, teria forte influência no processo que levou à Independência do Brasil.

camente celebrou a triunfal entrada do primeiro ferro descoberto e manufaturado no seu território", ele perguntava e respondia em seguida: "*Sim, essa porção do povo do Brasil é bem digna de ser distintamente mencionada não por ter descoberto e trabalhado o primeiro ferro brasiliense, porém por haver manifestado a alta e profunda consciência da sua importância*".

No artigo, o redator acrescentaria ainda que a conquista da Real Fábrica de Ferro do Morro do Gaspar Soares apenas fora possível devido aos "*benefícios que os brasilienses têm recebido com a heróica passagem do trono português da Europa para os seus territórios*". Por isso, ele sugeria que do primeiro ferro produzido no Brasil se erigisse uma pirâmide, na fábrica do Morro do Gaspar Soares, que atestasse para as gerações futuras a "*época memorável destes primeiros trabalhos e o nome do monarca que os ordenou*", o príncipe regente Dom João.

Ao Intendente Câmara, o redator do "*Investigador Português em Inglaterra*" reservava as recomendações finais de sua reflexão sobre o artigo assinado pelo "Amigo do Bem Público" na 66ª edição do jornal. Desejando que "*o seu zelo não diminua com o prazer ou com a glória do bom resultado destes seus primeiros ensaios*", ele concluía, exortando o intendente a prosseguir no empreendimento da fábrica de ferro do Morro do Gaspar Soares, pelo que "*ganhará toda a fama que merece*".

Porém, as recomendações do redator do periódico português não vingaram a contendo. Passados dois séculos, a pirâmide comemorativa da pioneira corrida de ferro em alto-forno não se materializou em Morro do Pilar e a memória do feito histórico se restringe às ruínas de uma parede da fábrica, enjaulada sob uma armação de concreto de muito mau-gosto, construída pela mineradora Vale em 1990. E tampouco Manuel Ferreira da Câmara Bethencourt e Sá ficaria com a "fama" e o reconhecimento por ter produzido ferro em alto-forno pela primeira vez no Brasil.

Mas se não vingou nas Minas Gerais, um monumento ao ferro brasileiro ganharia a forma de uma cruz, moldada em 1º de novembro de 1818 com o produto da primeira corrida de ferro da Real Fábrica de São João de Ipanema, em Iperó, São Paulo. A reivindicar a primazia da produção de ferro em alto-forno no Brasil, a cruz está cuidadosamente preservada no antigo núcleo fabril paulista, cujos remanescentes foram tombados pelo Instituto do Patrimônio Histórico e Artístico Nacional (IPHAN) em 1937 e integram hoje a área do Parque Nacional de Ipanema, criado em 1992.

O majestoso pátio das escolas da Universidade de Coimbra, fundada em 1290, encanta ainda hoje estudantes e visitantes de todo mundo. Foto: Autor

II

DE CAETÉ A COIMBRA

Filho do tenente Bernardino Rodrigues Cardoso e de Dona Francisca Antônia Xavier de Bethencourt e Sá, Manoel Ferreira da Câmara nasceu no dia 26 de abril de 1764 na freguesia de Santo Antônio da Itacambira, Comarca do Serro Frio, conforme certidão de batismo requerida por ele ao escrivão da Câmara Eclesiástica da Vila do Bonsucesso das Minas Novas do Araçuaí em 1827. Entretanto, na sua ficha escolar na Universidade de Coimbra consta outra certidão que atesta que ele teria nascido seis anos antes, no dia três de julho de 1758, na Vila Nova da Rainha do Caeté. Pela certidão de Itacambira, ele teve como padrinho o reverendo Albano Pereira Coelho; pela de Caeté, o tenente João Furtado Leite.

Diante da divergência de datas, locais de nascimento e de padrinhos entre as duas certidões, o seu maior biógrafo, Marcos Carneiro de Mendonça, autor do clássico *"O Intendente Câmara"*, ficou com a do batismo na Matriz de Santo Antônio de Itacambira em 1764, sobretudo por ter sido esta a certidão que ele anexou ao pedido de *mercê* pecuniária encaminhada ao imperador Dom Pedro I em 1829. Para Marcos Carneiro, o mais provável é que a certidão de batismo na Matriz de Nossa Senhora do Bom Sucesso de Caeté seja de um filho falecido do casal, cujo nome ele herdou, como era comum naquela época.

Seja como for, Manuel Ferreira passou a infância e boa parte da juventude em Minas Gerais, entre as atuais cidades de Itacambira e Caeté, para onde os seus pais e tios, naturais da Capitania da Bahia, haviam migrado na corrida do ouro da primeira metade do Século XVIII. O tenente Bernardino e Dona Francisca haviam se casado na matriz de Itacambira, enquanto que os tios, o capitão Cipriano Ferreira da Câmara e Dona Maria Isabel Bethencourt e Sá, residiam em Caeté, à frente de uma rendosa mina de ouro, a de Roça Grande, que chegou a contar com 15 escravos.

Junto com o lucrativo negócio da mineração, a família mantivera pés bem fincados na Bahia, onde o patriarca Félix Bethencourt e Sá, fidalgo e *familiar* do Santo Ofício da Inquisição de Portugal, havia chegado em 1685, segundo relata André Luis Rosa Ribeiro no livro *"Família, Poder e Mito – o município de São Jorge de Ilhéus (1880-1912)."* Por meio do casamento com Dona Catarina de Aragão Ayala, herdeira de engenhos de cana-de-açúcar no termo da Vila de Santo Amaro da Purificação, no recôncavo baiano, o fidalgo português entrelaçara-se à elite local, deixando nobre descendência.

Em 1759, quando o rei Dom José I e o poderoso primeiro-ministro Sebastião José de Carvalho e Melo, o Marquês de Pombal, decretaram a expulsão da Ordem dos Jesuítas do reino e das colônias portuguesas, um descendente do patriarca, tio de Manoel Ferreira, o doutor João Ferreira Bethencourt, ocupava o alto cargo de juiz de fora da Bahia. E seria então encarregado pelo governador de dar destino às propriedades confiscadas da Companhia de Jesus no litoral Sul e no Sudoeste da Bahia.

Talvez já enfrentando os dissabores do início da decadência da mineração de ouro – 1763 fora o último ano em que os mineiros haviam completado a cota anual de cem arrobas devida à *coroa* –, o tenente Bernardino deve ter se apercebido das boas oportunidades que a proscrição da Ordem dos Jesuítas apresentava e voltou para a

Bahia. E com a interveniência do cunhado ele arremataria o Engenho de Acarai, localizado na baía de Camamu – uma das prósperas propriedades confiscadas dos jesuítas – e que pertencia ao termo da Vila do Rio de Contas.

Após o bom negócio do Engenho de Acarai, arrematado da *coroa* de porteira fechada, com todas as benfeitorias, alambiques, escravos, canaviais e até plantações de cacau, o tenente e familiares do juiz Bethencourt comprariam também outras propriedades confiscadas dos chamados "soldados de Cristo" no Sul da Bahia. E desde a baía de Camamu até a Vila de São Jorge de Ilhéus o que era propriedade da ordem religiosa fundada por Inácio de Loyola em 1534 passaria para as mãos da família Bethencourt e Sá.

No entanto, Manoel Ferreira e o seu irmão mais velho, José de Sá Bethencourt e Accioli, não acompanhariam o tenente Bernardino e Dona Francisca no retorno à Bahia. Ambos seriam enviados pelos pais para a Vila de Caeté, onde os meninos foram criados pela tia Maria Isabel e pelo seu marido, o capitão Cipriano. Na vila, onde em 1708 foi aceso o estopim da guerra pelo poder sobre as minas recém-descobertas entre paulistas e baienses e moradores de outras capitanias – os *emboabas* –, os irmãos José e Manoel aprenderam as primeiras letras. E lá tiveram também aulas de Gramática, Retórica e Filosofia, matérias preparatórias para a admissão na Universidade de Coimbra, então destino obrigatório dos filhos das famílias abastadas da colônia.[1]

Não há registro da viagem dos irmãos para Portugal, nem do ano e de onde partiram e sequer se os dois seguiram juntos. O mais provável é que tenham embarcado no porto de São Salvador depois de uma estadia no Engenho do Acarai, onde os pais já moravam; e se foi assim, a travessia do Atlântico até a ribeira das naus no rio Tejo, em Lisboa, teria

---

1 Conforme pesquisa do historiador Kenneth Maxwell, entre 1762 e 1785 nada menos do que 200 estudantes brasileiros matricularam-se na Universidade de Coimbra.

durado cerca de 60 dias, e de lá mais uma semana em lombo de burro até Coimbra. O fato é que em 31 de outubro de 1783 Manoel Ferreira, aos 19 anos, já estava cursando o primeiro ano jurídico da Faculdade de Leis da Universidade de Coimbra, então principal centro de formação da elite e de administradores da máquina do Estado português.

Fundada em 1290, a vetusta universidade passara por profundas reformas uma década antes dos irmãos José e Manuel ingressarem nas faculdades de Filosofia e de Leis. Até então, a predominância de padres professores, sobretudo jesuítas, na sua direção, e a censura da Inquisição às obras de livre-pensadores e *ilustrados*, como eram chamados os *iluministas* afinados com o despotismo esclarecido em Portugal, haviam reduzido o currículo escolar e o programa acadêmico ao ensino medieval da Teologia, das Leis Canônicas e Civis e da Medicina.

Ex-aluno em Coimbra, o Marquês de Pombal conhecia bem as limitações da universidade e, influenciado pelo Iluminismo, lideraria como primeiro-ministro o processo de reformas dos currículos e do programa acadêmico. Em 1772, os novos estatutos da universidade, logo apelidados de *pombalinos* em referência ao marquês, seriam ratificados pelo rei Dom José I e a razão e a ciência passariam a pautar os currículos, de acordo com o conceito *iluminista* de que somente elas permitiriam à sociedade empreender a passagem das trevas da ignorância e do obscurantismo às luzes da sabedoria.

Ao eliminar o modelo escolástico, a reforma *pombalina* alçou as Ciências Naturais e a Matemática ao centro do programa acadêmico e o estudo de obras filosóficas dos *iluministas* foi também estimulado. Entre os colaboradores do Marquês de Pombal destacava-se o médico e naturalista italiano Domingos Vandelli que, com a aprovação dos novos estatutos, seria nomeado *lente* de História Natural e Química. Vandelli teria sido também responsável pela introdução da maçonaria em Portugal e as suas idéias e trabalhos, como "Memória sobre a Agricultura do Reino e das Conquistas", influenciariam gerações e gerações de alunos, como os irmãos Bethencourt.

Ao mesmo tempo em que o ensino universitário era sacudido pela reforma *pombalina* e que atingiu também em cheio a educação primária e secundária, com a expulsão dos jesuítas e fechamento de suas escolas e colégios em 1759, o primeiro-ministro colocou em marcha um programa de reformas da administração do Estado. De um lado, ele buscava resgatar o controle da *coroa* sobre as riquezas minerais além-mar – a principal fonte de sustentação da metrópole –, por meio do estudo de novas técnicas de mineração, do combate ao contrabando[2] e de reformas das políticas mercantilistas, bem como da cooptação de membros das elites coloniais para cargos da administração pública.

De outro lado, as políticas de Pombal perseguiam a modernização da economia do reino, cujo atraso fora agravado pelo Tratado de Methuem, assinado com a Inglaterra em 1703, e pelo qual Portugal paralisara a sua incipiente indústria em troca da proteção inglesa. Por força do acordo comercial e militar, os ingleses ficaram com o rendoso monopólio da exportação de manufaturados para o mercado português e de suas colônias, importando apenas bacalhau e vinhos do Porto. No seu longo reinado, de 1707 a 1750, Dom João V pode contar com o ouro e o diamante do Brasil para compensar o enorme déficit da balança comercial portuguesa; o quê não ocorreria no reinado de seu filho Dom José I, em razão da decadência da mineração.

Mas os ventos reformadores seriam arrefecidos com a morte do rei em 1777, quando, ao assumir o trono, a sua filha, a rainha Maria I, demitiu e exilou o Marquês de Pombal da *corte* e de Lisboa. Católica fanática, Dona Maria não via com bons olhos as influências do marquês

---

2 Exemplo emblemático dessa política seria a abolição do sistema de contratos particulares para a extração de diamantes, introduzindo-se o monopólio régio em 1771, por meio do Regimento Diamantino, o famoso livro da Capa Verde.

sobre o pai e não escondia o desconforto com a proscrição da Ordem dos Jesuítas e a demissão dos padres conselheiros do rei. A rainha opusera-se também à perseguição implacável do primeiro-ministro aos que não rezavam na sua cartilha, entre os quais nobres da tradicional família Távora, cujo destino fora a forca e a fogueira, sob acusação de serem os mandantes de um atentado contra o rei Dom José I.

Selado o destino do ex-poderoso marquês, os padres retornariam como conselheiros da rainha e emergiu como novo primeiro-ministro um diplomata conservador, Martinho de Mello e Castro, que retomou políticas mercantilistas mais rígidas. Apelidada de *Viradeira*, a nova política adotada nos primeiros anos do reinado de Maria I paralisava e retrocedia o programa das reformas *pombalinas* e até mesmo a Inquisição voltaria a ter papel relevante na perseguição aos livre-pensadores e *ilustrados*, tanto portugueses quanto brasileiros.

Contudo, o mundo atravessava intensa efervescência política no último quartel do Século XVIII. Na América do Norte, a pregação *iluminista* já havia fincado sólidas raízes com a independência das 13 colônias inglesas e o nascimento dos Estados Unidos da América em 1776, um ano antes da coroação da rainha Maria I. E, apesar da *Viradeira*, é este clima de ebulição intelectual que os filhos do tenente Bernardino e Dona Francisca irão encontrar na Universidade de Coimbra na década de 1780.

O traçado urbano irregular, em que a cidade alta e a baixa, às margens do rio Mondego, se interligam por ruas íngremes, ladeiras e becos tortuosos, certamente não surpreendeu o jovem Manoel Ferreira quando ele chegou a Coimbra em 1783. Mas se o padrão do traçado urbano português já lhe era familiar nas vilas mineiras e em Salvador, a imponência das edificações da universidade, que surgiram sobre o antigo palácio real medieval na cidade alta, com certeza tiraram-lhe o fôlego. E o deslumbramento deve ter sido ainda maior quando ele passou pelo majestoso portão de ferro da universidade e descortinou, pela primeira vez, o famoso Paço das Escolas e a vista magnífica do vale do rio Mondego.

De fato, tudo ali no paço era novo e grandioso para o jovem nascido em Itacambira: as grandes portas das faculdades de Leis e de Filosofia, da Reitoria e da Sala dos Capelos e dos Grandes Atos, onde se realizam ainda hoje as cerimônias acadêmicas; da Capela São Miguel, da Casa da Livraria e Biblioteca Joanina, bem como da temida Prisão dos Acadêmicos, onde eram punidos os que infligiam as normas da universidade. E durante cinco anos, entre 1783 e 1788, Manoel Ferreira passaria os seus dias indo e vindo por aquele ambiente envolvente, sob a rígida disciplina universitária cadenciada pelos badalos do sino da Torre do Paço que marcavam as horas e era chamado pelos alunos de "A cabra".

Em contraste com a imponência das edificações do paço e a rigidez disciplinar, o ambiente nas repúblicas dos estudantes, chamadas *pátria chica*,[3] nas tavernas e casas de pasto ferviam em indagações sobre o papel do estudo das Ciências Naturais e do poder da razão para reformar a sociedade; sobre o mercantilismo e os limites da intervenção do Estado na economia; sobre a monarquia ou a república.

A sociedade molda o homem para o bem ou para o mal, como afirmava o inglês John Locke? O Estado deve ser regido por poderes independentes do executivo, legislativo e judiciário, como propôs o francês Montesquieu? Desde que separada da Igreja e aconselhada por livre-pensadores *iluministas*, a monarquia é um bom regime, como defendeu o francês Voltaire? Ou o povo deve eleger os seus representantes, como propunha o suíço Jean-Jacques Rousseau?

Sob o despotismo esclarecido do primeiro-ministro Marquês de Pombal no reinado de José I, as ideias *iluministas* e *ilustradas* redundaram em propostas mais reformistas do que revolucionárias, que

---

[3] Em geral, as repúblicas eram formadas de acordo com a origem dos estudantes; daí a denominação pátria chica: pequena pátria.

tinham como objetivo corrigir as distorções das políticas para o reino e as colônias, para preservar a monarquia. Mas com o primeiro-ministro Martinho de Mello e Castro, a *coroa* portuguesa retornara aos velhos preceitos do regime absolutista em 1777, com a *Viradeira* da rainha Maria I.

No caso das colônias, sobretudo do Brasil, galinha de ovos de ouro de Portugal, Martinho de Mello atribuía a queda de receita com o *quinto*, o imposto de 20% sobre a produção do metal, exclusivamente à sonegação e ao descaminho. E assim, ao mesmo tempo em que reforçou a vigilância repressiva sobre as minas, ele procurou manter a economia colonial complementar e subordinada à da metrópole, por meio do controle do comércio. É também de sua lavra a proibição de abertura de manufaturas e indústrias, conforme alvará régio com instruções aos governadores do Brasil baixado no dia cinco de janeiro de 1785.

O alvará de 1785 teria sido, aliás, a gota d'água para que um grupo de 12 estudantes brasileiros *coimbrãos* celebrasse naquele ano um pacto secreto pela Independência do Brasil de Portugal. Entre os 12, figurava como líder o carioca José Joaquim de Maia, codinome Vendek, que em 1787, já aluno do doutorado de Medicina na Universidade de Montpellier, na França, encontrara-se com o embaixador americano Thomas Jefferson, pedindo-lhe apoio dos Estados Unidos para a independência brasileira.

Além de Vendek, os nomes de cinco outros brasileiros que celebraram o Pacto dos 12 são conhecidos: o do também estudante carioca José Joaquim de Maia e dos mineiros Francisco de Mello Franco, José Pereira Ribeiro, Diogo de Vasconcelos e José Álvares Maciel. Acusado de herege por negar o matrimônio e de naturalista pelo Santo Ofício, Mello Franco, então estudante de Medicina em Coimbra, fora, inclusive, condenado e preso nas masmorras do Santo Ofício quatro anos antes da celebração do pacto.

José Álvares Maciel era também um livre-pensador convicto. Natural de Vila Rica e filho homônimo de um rico comerciante e contratador, ele ingressara na Faculdade de Filosofia – um dos cursos criados pela reforma *pombalina*, cuja grade curricular incluía os estudos de Geologia, Mineralogia, Botânica, Química e Agricultura –, sendo destacado pelo professor Vandelli para a realização de pesquisas minerológicas na Serra da Estrela. Na serra onde nasce o rio Mondego, o jovem mineiro descobriria ricas jazidas de arsênio – um semi-metal utilizado na produção de remédios para a sífilis –; o que lhe renderia a fama de pesquisador brilhante. Inclusive, em 1784, pouco antes de se formar e prosseguir os estudos na Inglaterra, Álvares Maciel estaria à frente de outra experiência científica inédita: o primeiro lançamento de balões de hidrogênio nos céus de Coimbra.

Em Birmingham, então um dos principais centros da revolução industrial inglesa, o mineiro de Vila Rica visitou indústrias siderúrgicas e têxteis, estudou técnicas comerciais, manteve contatos com pensadores do nascente Liberalismo e, seguindo os passos do mestre Vandelli, teria também ingressado na maçonaria. Retornando para o Brasil em 1788, um ano antes da Inconfidência Mineira, a Álvares Maciel seria imputada a culpa por ter trazido um exemplar da "bíblia" dos inconfidentes: o compêndio *"Recueil dês Loix Constitutives des États-Unis de l'Amérique"*, livro editado em 1778 na Europa e que trazia esboços das leis constitucionais de estados norte-americanos.

Os nomes dos seis outros celebrantes do Pacto dos 12 se perderam, mas há a suspeita de que os irmãos Bethencourt e Sá e José Bonifácio de Andrada e Silva tenham participado da famosa reunião secreta em Coimbra em 1785. Seja como for, o fato é que Manoel Ferreira identificava-se com os *estrangeirados*, como eram também chamados os adeptos do reformismo *ilustrado* em Portugal, e com certeza via com desconfiança a *Viradeira* e as políticas do primeiro--ministro Martinho de Mello.

Esta seria também a posição do seu irmão José de Sá Bethencourt e Accioli – aliás, denunciado na Inconfidência Mineira quatro anos depois, como Álvares Maciel – e de José Bonifácio de Andrada, futuro patriarca da Independência do Brasil. Natural da Vila de Santos, na Capitania de São Paulo, José Bonifácio era, inclusive, colega de Manoel Ferreira na Faculdade de Leis e os dois, juntamente com o português Joaquim Pedro Fragoso, seriam enviados pela *coroa* portuguesa em expedição científica por diversos países europeus depois de formados.

Em junho de 1787, o irmão José de Sá Accioli formou-se em Filosofia, retornando logo depois para o Brasil, primeiro para o engenho dos pais na baía de Camamu, na Bahia, e mais tarde para a casa da velha tia Maria Isabel, na Vila de Caeté, em Minas Gerais. Um ano depois, no dia três de julho de 1788, era a vez de Manoel Ferreira da Câmara, aos 24 anos, receber o diploma de bacharel em Filosofia e também em Leis na Sala dos Grandes Atos da Universidade de Coimbra, aprovado por *nemine discrepante*, unanimidade, em quase todos os quesitos, exceto "merecimento literário".

"Por todos por prudência, probidade e desinteresse para o desempenho das funções do Estado. Em procedimento e costumes, aprovado por todos. Em merecimento literário: bom por cinco, suficiente por dois", registra o boletim escolar do jovem mineiro de Itacambira preservado nos arquivos da universidade portuguesa.

Vocacionado para as funções administrativas do Estado, como atesta o boletim, e certamente estimulado pelos mestres a se aprofundar nos estudos científicos, Manoel Ferreira não voltaria para o Brasil após a diplomação, como fizera o irmão. De Coimbra, ele seguiu para a capital do reino, onde se prepararia para a admissão como sócio da prestigiada Academia Real de Ciências, hoje Academia das Ciências de Lisboa.

Apesar da oposição do primeiro-ministro Martinho de Mello, a academia fora fundada em 1779 pelo duque de Latões, José Carlos de

Bragança, que se valeu do fato de ser neto do rei Pedro II, bisavô da rainha Maria I, para conseguir o intento. Sem contar com a chancela oficial, o duque teve de instalar a sede da academia em seu próprio palácio, mas mesmo assim a instituição logo se tornaria centro de convergência e irradiação de estudos, trabalhos e pesquisas científicas, industriais e comerciais voltadas para superação do atraso econômico português e para a retomada do desenvolvimento, tanto do reino quanto de suas colônias.

Contudo, a admissão na academia não era tarefa fácil. Primeiramente, o pretendente tinha de apresentar trabalhos científicos singulares, de sua autoria, para análise e aprovação dos acadêmicos em assembléia geral. Caso o trabalho fosse aprovado, o pedido de admissão seria submetido a uma assembléia específica. Em 13 de maio de 1789, ano do décimo aniversário da academia, Manoel Ferreira apresentou dois trabalhos, *"Observações acerca do carvão de Pedra da Freguesia de Carvoeiros"* e *"Ensaio da Descrição Física e Econômica da Comarca dos Ilhéus na Bahia"*;[4] ambos aprovados com louvores. Com esse passaporte, em dois de agosto daquele ano ele seria finalmente admitido como sócio da Academia Real de Ciências.

Enquanto o jovem bacharel comemorava em Portugal o sucesso na academia, começava em Minas Gerais a caçada aos conspiradores da Inconfidência Mineira. Traído pelo contratador Joaquim Silvério dos Reis, o alferes Tiradentes, Joaquim José da Silva Xavier, foi preso no Rio de Janeiro no dia dez de maio de 1789. Oito dias depois, a notícia da prisão chegava às casas dos inconfidentes de Vila Rica, epicentro do movimento. Naquele dia 18 de maio, tudo o quê pudesse comprometer seria queimado e destruído, mas a repressão já estava

---

4   Em 1799, no vigésimo aniversário da academia, o ensaio sobre Ilhéus seria, inclusive, publicado no tomo 1 do livro "Memórias econômicas da Academia de Ciências de Lisboa, para o aditamento da Agricultura, das Artes e da Indústria de Portugal".

em curso e no final do mês boa parte dos conspiradores estava encarcerada, entre eles Tomás Antônio Gonzaga, Domingos de Abreu Vieira, Alvarenga Peixoto, padre Carlos Correia Toledo e Cláudio Manoel da Costa.

Preceptor dos filhos do Visconde de Barbacena, o governador Luís Antônio Furtado de Castro, que viera para as Minas Gerais em 1788 com a incumbência de executar a temida *derrama* – a cobrança dos *quintos* atrasados, da ordem de 528 arrobas de ouro, e que motivava a conspiração –,[5] José Álvares Maciel, contemporâneo de Manoel Ferreira na Universidade de Coimbra, acabou também denunciado. E foi preso e enviado agrilhoado nas mãos e nos pés para o Rio de Janeiro.

Na Vila de Caeté, o irmão José de Sá soube dos trágicos acontecimentos em Vila Rica e da prisão dos inconfidentes, entre eles do ex-colega em Coimbra. Soube também que o seu nome constava da relação dos conspiradores denunciados e não perdeu tempo, fugindo para a casa dos pais no Engenho de Acarai na Bahia, antes que a escolta de soldados chegasse a tempo de detê-lo na casa da tia.

Como as comunicações entre Vila Rica e Lisboa demoravam cerca de três a quatro meses, dependendo da época do ano, Manoel Ferreira só saberia da conspiração em agosto ou mais provavelmente em setembro de 1789, quando publicações inglesas que circulavam na capital do reino trouxeram notícias das prisões. Em correspondências da tia Maria Isabel e dos pais, ele deve ter sido informado também do envolvimento do irmão mais velho e até da sua intenção de exilar-se nos Estados Unidos, antes que o tio e juiz de fora da Bahia, o doutor João Ferreira Bethencourt, o convencesse a permanecer no Brasil.

---

5   Os inconfidentes pactuaram que o dia para o levante seria o da derrama, suspensa pelo governador em 25 de março de 1789, conforme comunicado às câmaras das vilas. Porém, a conjuração já havia sido delatada por Joaquim Silvério dos Reis.

Mas se as notícias do Brasil eram escassas e tardias, ele pode acompanhar de camarote o dia-a-dia dos acontecimentos que sacudiam a França em 1789. Jornais parisienses chegavam a Lisboa em dez, 11 dias por via terrestre, e no final de junho Manoel Ferreira soube que os representantes do Terceiro Estado (comerciantes, profissionais, liberais, artesãos e camponeses) recusaram-se a acatar a ordem do rei Luis XVI de dissolução da Assembléia Nacional, jurando permanecer reunidos até fazerem a Constituição Francesa.

Pode ler ainda que "Liberdade, Igualdade e Fraternidade" eram os termos do juramento solene que viraria lema da revolução e cujo curso seria acelerado em 14 de julho pela tomada da fortaleza da Bastilha, em Paris, e pela libertação dos presos, quando a assembléia assumiria efetivamente as rédeas do poder na França. Em setembro, a notícia de que o sistema feudal fora abolido, sendo proclamada a "Declaração dos Direitos do Homem e dos Cidadãos", já alarmava as monarquias de toda a Europa, até atingir em cheio a Igreja Católica em novembro de 1789, com a decretação do confisco de suas propriedades na França.

Se nas Minas Gerais a revolta fora reprimida duramente antes mesmo de florescer, na França a marcha prosseguia inexorável. E a conturbada Paris seria o primeiro destino da viagem científica dos dois brasileiros, Manoel Ferreira da Câmara e José Bonifácio de Andrada, e do português Joaquim Pedro Fragoso, em 1790.

Criada em 1779, a Academia das Ciências de Lisboa logo se tornou centro de convergência e irradiação da Ilustração portuguesa. Foto: Autor.

III

VIAGENS CIENTÍFICAS

Quando os três jovens cientistas a serviço da *coroa* portuguesa chegaram a Paris no verão de 1790, o tsunami revolucionário que varria a França encontrava-se sob breve refluxo, antes que uma nova e devastadora onda viesse completar o serviço iniciado em 1789, extirpando na guilhotina os últimos resquícios da monarquia. O rei Luís XVI seria decapitado em janeiro de 1793, mas desde outubro de 1789 a família real vivia confinada no Palácio das Tulherias na cidade das luzes, sob rígida vigilância dos revolucionários que haviam assumido o poder de fato após a queda da Bastilha.

Chefe da brigada científica, como era nomeado nas "Instruções" da expedição assinada pelo ministro da Guerra e dos Negócios Estrangeiros, Luís Pinto de Souza Coutinho, o Conde de Balsamão, e datada do dia 31 de maio de 1790, Manoel Ferreira certamente assistiu com apreensão e desconfiança a radicalização da conjuntura política na França. Afinal, como era o pensamento dominante entre as elites *ilustradas* portuguesas e do qual ele partilhava, acreditava-se que a razão e as ciências poderiam oferecer alternativas reformadoras para a regeneração da monarquia, mas sem a ruptura da ordem vigente.

Além do mais, em uma Paris conflagrada pela efervescência revolucionária, seria impossível que o jovem natural de Itacambira ficasse indiferente à marcha surpreendente dos acontecimentos políticos na França, sobretudo tratando-se de um bacharel recém-formado em Coimbra; uma universidade reformada sob as luzes do *Iluminismo*. E com certeza as dúvidas sobre quais seriam os desdobramentos da malfadada Inconfidência Mineira também o atormentavam naquele momento.

Semanas antes de viajar para a capital francesa, Manoel Ferreira soubera que a rainha Maria I e o primeiro-ministro Martinho de Mello e Castro haviam criado um tribunal de inquérito especial para ir ao Brasil investigar e devassar a vida dos conspiradores denunciados, entre eles a do seu irmão José de Sá. Mas soubera também, com alívio, que a rainha havia aconselhado aos juízes a fazer a investigação e o julgamento dos réus com clemência, certamente em consideração ao fato de a maioria dos denunciados pertencer às famílias mais ilustres da Capitania das Minas Gerais.

Contudo, se a agitação revolucionária na França e as preocupações com o futuro do irmão mais velho eram de tirar o sono, ele não podia descuidar das suas responsabilidades como chefe da brigada científica, a quem competia desde o ordenamento das despesas da viagem à representação junto às embaixadas portuguesas e às autoridades estrangeiras. E Manoel Ferreira agiria com rigor para que os objetivos da expedição – na primeira etapa, o estudo e aprendizado dos novos conhecimentos em Química e Mineralogia – fossem alcançados no prazo de *"pelo menos um ano"*, como o Conde de Balsamão estipulara nas "Instruções".

Com o professor do centro de pesquisas do jardim botânico de Paris, Antonie-François Fourcroy, ele, José Bonifácio e Joaquim Pedro fizeram um curso intensivo de Química, quando conheceram os pressupostos da então chamada "Revolução Química". O professor Fourcroy tivera papel decisivo na criação da nova nomenclatura química, que se baseava na teoria da oxidação e combustão desenvolvida originalmente pelo colega também francês Antoine Lavoisier. Com seus experimentos, Lavoisier havia provado que a combustão ocorre devido à combinação de uma substância combustível com o ar, pondo por terra a teoria da existência de uma matéria, o *flogisto*, que estaria presente em todos os corpos inflamáveis.

Depois de concluírem o curso de Química, os três estudariam Mineração e Metalurgia na Escola de Minas de Paris, instituição fundada pelo rei Luís XVI em 1783 e hoje instalada em um imponente prédio no boulevard Saint Michel, ao lado do Jardim de Luxemburgo. Nas aulas do célebre professor Jean-Pierre-François Guillot-Dahamel, inspetor-geral das minas francesas, Manoel Ferreira e os dois companheiros aprenderam novas teorias e práticas sobre Mineração e Metalurgia e sobre veios e filões mineralógicos dispostos sob a Terra, completando a primeira etapa de estudos na França em 11 meses, em meados de 1791.

De Paris, eles passaram por Amsterdã, na Holanda, a caminho de Freiberg, na Saxônia alemã, em território então pertencente ao Sacro Império Romano-Germânico. Segunda parada da expedição de estudos científicos pelo Velho Mundo, Freiberg era então conhecida pelas suas antigas minas de prata e por sediar a mais avançada academia de estudos de Mineração e Metalurgia do mundo, fundada em 1765, a Bergakademie Freiberg, hoje Technische Universität Bergakademie Freiberg.

Na pequena cidade alemã, que fica próxima a Dresden, capital da Saxônia, eles deveriam permanecer por dois anos, dedicando-se tanto aos estudos teóricos quanto assentando *"praça de mineiros para adquirirem todos os conhecimentos práticos"* nas minas, conforme o Conde de Balsamão determinara nas "Instruções". Manoel Ferreira, matrícula número 382, e José Bonifácio, matrícula 383, seriam os dois primeiros alunos sul-americanos da famosa Bergakademie que tinha como professor Abrahan Gotllob Werner, criador de um sistema de identificação dos minerais, com base na cor, textura, dureza, cheiro e gosto, e que era reconhecido como o mais importante geólogo daquela época.

Nas aulas de Geognosia (conhecimento da Terra) e Orictognosia (conhecimento das substâncias fósseis do subsolo) com o professor Werner, eles conheceriam Alexander Humboldt, cuja expedição às Américas entre 1799 e 1804 revolucionaria os conhecimentos geográficos, geológicos, botânicos e antropológicos sobre o Novo Mundo. Como Humboldt, Manoel Ferreira encantou-se com o mestre alemão, de quem se tornou entusiasmado discípulo, como revelam dois artigos seus sobre pedras obsidianas[1] publicados em um periódico local de Freiberg, o "Bergmanniches Journal".

Nos artigos, o brasileiro defenderia a teoria de Werner, conhecida como *netunismo*, segundo a qual a água teria papel preponderante na formação da crosta terrestre, cujos minerais haviam emergido de um vasto oceano primordial que cobrira todo o planeta. Paradigma da Geologia durante décadas, a história da formação da terra proposta por Werner era compatível com a visão bíblica de que o planeta teria apenas seis mil anos. Entretanto, o *netunismo* já estava sendo duramente contestado naquela época pelo geólogo escocês James Hutton que, a partir de uma visão radical do planeta como um sistema dinâmico e auto-regulador, desenvolvera a teoria, chamada de *plutonismo* ou *vulcanismo*, segundo a qual a crosta terrestre fora criada por rochas em fusão que emergiram das profundezas da Terra muito antes do tempo bíblico.

E foi em meio aos debates sobre a origem do planeta, às aulas e palestras e aos estudos práticos como mineiro nas minas de Freiberg que Manoel Ferreira receberia as notícias sobre o desfecho da Inconfidência Mineira no outono europeu de 1792. A sentença fora lida no Rio de Janeiro em 18 de abril daquele ano e, entre os 24 condenados – 12 à morte, pelo crime de lesa majestade –, apenas o alferes Tiradentes fora executado três dias depois, em 21 de abril. Após o enforcamento, o seu

---

1 Um tipo de vidro vulcânico, conhecido desde a pré-história pela propriedade de produzir lâminas afiadas e cabeças de seta quando fraturado.

corpo foi esquartejado em quatro partes que foram expostas em locais públicos de grande movimentação ao longo do Caminho Novo da Estrada Real, que ligava o Rio de Janeiro a Ouro Preto.

Para os outros condenados à morte, o tribunal seguira à risca a ordem secreta de clemência da rainha Maria I e a pena capital fora convertida em desterro. Na sentença, o amigo e contemporâneo em Coimbra, José Álvares Maciel, recebeu como pena o confisco de todos os seus bens e o degredo para Angola, juntamente com outros condenados, como Inácio José de Alvarenga Peixoto e Francisco de Paula Freire de Andrade. Já Tomás Antônio Gonzaga seria desterrado para Moçambique e os padres José da Silva de Oliveira Rolim, Luís Vieira da Silva e Carlos Correia de Toledo e Melo para Portugal.

Embora tivesse sido também preso durante a *devassa*, o nome de seu irmão José de Sá, suspeito de ser o inconfidente *"doutor de Sabará"*, não constava da relação de sentenciados. Ele fora detido no engenho dos pais em Acarai e transferido da Bahia para a Cadeia da Relação, no Rio de Janeiro. Como revelam os *"Autos da Devassa"*, nas três inquirições às quais foi submetido, entre os dias 9 e 11 de setembro de 1791, José de Sá não conseguiu convencer os juízes de sua inocência. Ao ser interrogado do porque deixara a Vila de Caeté *"em disfarce"* logo após tomar conhecimento das prisões em Vila Rica, por exemplo, jurou que não fugira. Mas logo depois caiu em contradição, confessando que deixara o caminho antigo de Minas para a Bahia e embrenhara-se pelos matos ao ser informado por um viajante que uma tropa de soldados marchava no encalço de um dos conjurados.

Nos interrogatórios, o irmão mais velho de Manoel Ferreira negou também que soubesse ou tivesse tratado de um projeto da sublevação das Minas com o ex-colega José Álvares Maciel ou com o seu falecido advogado e procurador, Cláudio Manoel da Costa,[2] quando esteve em

---

2   Cláudio Manoel da Costa foi encontrado morto em uma cela da Casa dos Contos, em Vila Rica, em quatro de julho de 1789, e o mistério se

Vila Rica em fins de 1788 e início de 1789; período em que foram intensas as confabulações entre os inconfidentes. E apesar de não convencer os juízes, José de Sá seria libertado após o último interrogatório, no dia 12 de setembro, por ordem expressa do vice-rei José Luis de Castro, mas com a condição de que retornasse à Bahia, se apresentasse ao governador e que não deixasse a capitania sem a sua permissão.

A inusitada libertação foi logo atribuída às influências na *corte* do tio desembargador na Bahia e, sobretudo, às duas arrobas de ouro que teriam sido ofertadas à *coroa* pela velha tia Maria Isabel. *"Afirmam os que conheceram essa senhora, na idade de 108 anos que ela mostrava um lugar de suas lavras, onde dizia que Nossa Senhora do Bom Sucesso (padroeira do Caeté), lhe havia indicado para tirar em quinze dias meia arroba de ouro, com que inteirou duas para gastar com o livramento de seu sobrinho..."*, registrou o cronista do Império Ignácio Accioli Cerqueira e Silva em artigo sobre José de Sá, publicado no tomo VI da Revista do Instituto Histórico e Geográfico Brasileiro em 1844.

Seja qual tenha sido o motivo, para Manoel Ferreira o importante é que o irmão não fora condenado e ele poderia prosseguir a jornada de estudos na Europa sem maiores preocupações com a família no Brasil. Então, concluídos os cursos teóricos e práticos em Freiberg durante o rigoroso inverno alemão de 1792, ele e os dois companheiros começariam no ano seguinte mais uma etapa da viagem científica, agora visitando as minas das regiões austríacas da Estíria, Caríntia e Tirol e do Norte da Itália, que também integravam o vasto território do Sacro Império Romano-Germânico.

Nesta terceira etapa, os três consumiriam mais dois anos de viagens e estudos até que, no início do inverno de 1795, cada um seguiria o seu próprio roteiro. Manoel Ferreira visitaria minas da Transilvânia e do Banat – hoje em territórios da Romênia, Sérvia e Hungria –, bem como

---

ele suicidou ou foi assassinado ainda hoje não foi esclarecido.

da Suécia, Noruega e Dinamarca. E antes do retornar a Portugal três anos depois, em 1798, o futuro intendente visitaria ainda minas na Inglaterra e na Escócia, conforme ditavam as "Instruções" do Conde de Balsamão.

Além dos artigos publicados no periódico alemão *"Bergmanniches Journal"*, ele produziria outros trabalhos nos oito anos de viagens pela Europa. Entre estes, destacam-se uma descrição das minas alemãs de chumbo e prata e um estudo sobre a produção de ferro com o uso de novas tecnologias, que permitiam reduzir o consumo de combustíveis nos fornos. Resultado de suas observações sobre as minas da Transilvânia, Manoel Ferreira escreveria ainda uma *"Nota Sobre a Extração das Minas do Principado da Transilvânia escrita em Zalathna aos cinco dias do mês de março de 1796"*, em que aborda desde a legislação mineira do Sacro Império à sua administração e propõe mudanças nas leis portuguesas.

Quando ele desembarcou em Lisboa em 1798, os ventos políticos já sopravam em nova direção depois da *Viradeira* da rainha Maria I. Três anos antes, em 1795, o conservador primeiro-ministro Martinho de Mello e Castro deixara o Ministério e o seu substituto seria exatamente o ministro que instruíra a expedição da qual ele fora o chefe, o Conde de Balsamão. Diante de uma conjuntura cada vez mais instável devido à guerra entre a jovem república francesa e as monarquias ameaçadas, o conde resolvera retomar o programa de reformas e convidara um afilhado de batismo do Marquês de Pombal, o diplomata Rodrigo de Souza Coutinho, para assumir a pasta estratégica da Marinha e dos Domínios Ultramarinos.

Adepto das teses *ilustradas* do padrinho, e alcunhado de *estrangeirado* como ele, Dom Rodrigo de Souza tinha ideias claras sobre as raízes da decadência e do atraso da economia portuguesa. Em 1790, ele escreveria: *"O Reinado do Senhor Rei D. Pedro, época em que se descobriram as grandes minas do Brasil, foi também o do Tratado de Methuen (1703), o qual destruindo todas as manufaturas do Reino, e fazendo cair todo o nosso comércio nas mãos de uma nação aliada e poderosa, fixou contra nós a balança em tal maneira, que o imenso produto das minas foi limitado para o saldar."*

Nesse documento, intitulado *"Discurso sobre a verdadeira influência das Minas dos Metais preciosos na Indústria das Nações que as possuem especialmente a portuguesa"*, o futuro ministro registrara também: *"No Reinado do Senhor D. João V produziram aquela aparente riqueza que não sendo fundada na indústria e diminuindo continuamente por uma balança muito ruinosa veio enfim a desvanecer-se. A pouca justiça com que se criminam as Minas foi bem conhecida do Reinado do Senhor D. José I de saudosa memória, que procurou remediar todos os atrasos que tinham introduzido à sombra do Tratado de Methuen tanto em dano da Nação, que eram o motivo da nossa decadência".*

Em 1798, o novo ministro sintetizaria o seu programa de reformas em outro documento, *"Memórias Sobre o Melhoramento dos Domínios de Sua Majestade na América"*, no qual defendia a criação de um Império Luso-brasileiro, em que os portugueses nascidos nas colônias tivessem o mesmo status dos naturais do reino, *"sujeitas aos mesmos usos e costumes"* e aos mesmos direitos e deveres. Para tornar mais rentável a exploração colonial, Dom Rodrigo de Souza propôs a implantação de um sistema administrativo único, mas centralizado a partir de Lisboa, a extinção de monopólios e impostos, o incentivo à Agricultura e a modernização da Mineração, entre outras medidas. E para colocar em marcha o ambicioso projeto ele convidaria jovens *ilustrados*, entre os quais o agora "metalurgista de profissão" Manoel Ferreira que acabava de chegar do giro científico pela Europa.

Como primeira missão em Portugal, Dom Rodrigo de Souza encarregou-o de elaborar o projeto de uma nova legislação (batizado de Alvará das Minas) que viesse modernizar as normas adotadas a partir de 1603 para regular as atividades de mineração no Brasil. Em especial, Manoel Ferreira deveria dedicar-se à reformulação do Regimento

Diamantino, vigente desde 1771 e que fora apelidado pejorativamente no Tijuco de *"Livro da Capa Verde"* pelo fato do exemplar enviado pela *coroa* ser encapado em marroquim[3] verde. Ao escalar Manoel Ferreira para elaborar o projeto, Dom Rodrigo de Souza deixava claro seu propósito: como autor da nova lei, o "metalurgista de profissão" seria responsável pela sua execução no Brasil como intendente geral.

Em 1799, o projeto do alvará já estava nas mãos do ministro Dom Rodrigo de Souza, mas alguns das medidas propostas por Manoel Ferreira logo dividiram as opiniões no Conselho de Estado, um órgão de assessoramento aos monarcas portugueses criado em 1592. O metalurgista brasileiro propôs, por exemplo, que a administração das minas ficasse sob a responsabilidade direta de uma Junta de Mineração e Moedagem subordinada exclusivamente ao Conselho Ultramarino; portanto, independente da ingerência política de governadores e vice-reis coloniais.

Pelo seu projeto, a Real Extração e o famigerado Regimento Diamantino seriam revogados, extinguindo-se o monopólio régio sobre as lavras de diamantes, cuja exploração passaria a ser feita por companhias particulares de mineiros, mas a comercialização das pedras permaneceria sob monopólio da *coroa*. Já o *quinto* real sobre a produção mineral, por sua vez, seria reduzido para o *décimo* (10%), proibindo-se a circulação de ouro em pó com a criação de Casas de Permuta e Moeda. Além disso, ele defendia a isenção de trabalho militar para os mineiros, a criação da Intendência Geral das Minas, com a extinção de cargos e o fim de privilégios no pagamento de impostos; o que desagradava boa parte da nobreza lusitana.

Diante da polêmica, o príncipe Dom João, que acabara de ser entronizado na regência do trono português devido ao agravamento dos problemas mentais da rainha-mãe, resolveu protelar sua decisão,

---

3 Couro de caprino curtido, utilizado para encapar publicações oficiais.

mantendo o projeto do Alvará das Minas sob análise dos ministros do conselho. Mas apostando em um desfecho favorável, Dom Rodrigo de Souza resolveu manter o pupilo em Portugal, destacando-o para outras missões. Uma delas, a elaboração de um parecer sobre a compra de cobre das colônias espanholas para a cunhagem de moedas, tendo em vista que a Inglaterra proibira a exportação do minério para Portugal em razão da guerra com a França.

Depois disso, Manoel Ferreira seria encarregado de pesquisar a existência de minas de carvão mineral junto às fábricas de Vila das Caldas, Batalha, Leira, Ourém e Figueiró dos Vinhos, que estavam ameaçadas de fechamento devido à escassez de combustível. No trabalho de campo, ele apontou que a origem do problema estava no desmatamento e, ensaiando uma rara sensibilidade ambiental para aquela época, recomendaria a preservação das florestas, o controle do uso de madeiras e a coibição da extração irregular, além de medidas para estimular a população a cuidar da reprodução das espécies vegetais.

De volta a Lisboa depois desta última missão, Manoel Ferreira saberia que o projeto de Alvará das Minas ainda continuava sob análise pelos ministros. Apesar disso, soube também pelo padrinho que ele seria nomeado pelo príncipe regente intendente geral das Minas – o quê se confirmou em carta régia no dia sete de setembro de 1800 – e que teria autorização de Dom João para voltar ao Brasil, onde aguardaria a aprovação da nova lei da mineração e a convocação para a posse na Intendência das Minas.

Quando solicitou mercê pecuniária ao imperador Dom Pedro I em 1829, o Intendente Câmara carregou na tinta ao lembrar aquela época: *"Demorando-se porém a publicação da referida lei, em conseqüência da qual devia ser empregado; e tendo ele consumido em viagens (para o qual se lhe deu o pequeno subsídio de 800 mil réis[4] anuais) a*

---

4 Réis, plural popular de Real, a antiga unidade de moeda portuguesa criada em 1430 e que vigorou nas colônias. Como o lastro da moeda era o

maior parte da fortuna que lhe deixaram seus pais, representou a S. Alteza Real que lhe era indispensável vir à Bahia para arrecadar os restos da herança que tivera, e concedendo-lhe S. Alteza Real licença para o fazer, não quis que só cuidasse de si e houve por bem encarregá-lo de comissões trabalhosas".[5]

Assim, após viver por quase 20 anos na Europa, Manoel Ferreira voltaria finalmente para o Brasil em janeiro de 1801, trazendo na bagagem a carta de sua nomeação como intendente e um novo rol de "Instruções", agora de Dom Rodrigo de Souza. Fazendo jus à fama de trabalhador compulsivo, pouco mais de um mês depois de chegar à Bahia, em carta datada em Salvador em 27 de fevereiro, ele já enviava ao ministro as primeiras impressões sobre a administração da capitania, trocando com o padrinho intensa correspondência nos anos seguintes.

O tão sonhado projeto de legislação para as minas apenas ganharia forma de lei dois anos depois, em 13 de maio de 1803, por meio de um alvará régio publicado em Lisboa, mas não agradou o intendente nomeado: *"lei que sofrendo mais discussões que alguma outra que se tivesse feito ainda em Cortês, apareceu depois tão desfigurada, que apenas reconheceu nela o fundo de suas ideias; e daí as dificuldades que se encontraram na sua execução"*, ele registrou em 1829.

Mas tampouco a promulgação do Alvará das Minas garantiu a sua posse na Intendência. Junto com a nova lei, Dom Rodrigo de Souza despachara para o novo vice-rei do Mar e Terra dos Estados do Brasil, Dom Fernando José de Portugal e Castro, um novo decreto, datado a dois de julho de 1803, em que o príncipe nomeava pela segunda

---

ouro, 800 mil réis correspondiam a aproximadamente um quilo de ouro.

5   A esse pedido de mercê pecuniária, o imperador solicitou parecer do Conselho da Fazenda em 18 de maio de 1829. Depois de analisarem os 51 documentos anexados ao processo, os conselheiros deferiram o pedido, recomendando no dia 17 de setembro daquele ano a concessão de "distinção honorífica e recompensa pecuniária" ao ex-intendente dos Diamantes.

vez o seu afilhado como intendente. No entanto, quatro meses depois, no dia quatro de novembro, Dom Fernando responderia ao ministro que não poderia dar posse a Manoel Ferreira enquanto não fosse criada a Junta de Mineração e Moedagem – um órgão administrativo que, afinal, competia a ele próprio instalar.

Talvez tenha pesado na insólita negativa do vice-rei do Brasil o subsídio então estipulado para o novo intendente, da ordem de três contos e duzentos mil réis anuais – o mais elevado até então fixado para um administrador colonial, ainda mais considerando que o nomeado era um natural do Brasil, como conjecturou o biógrafo Marcos Carneiro. Ou talvez tenha pesado ainda a turbulência no Arraial do Tijuco, motivada pela representação dos moradores contra o intendente João Inácio do Amaral Siqueira, na qual ele era acusado de 87 arbitrariedades, entre os quais a de proibir a entrada no Distrito Diamantino de um mineralogista a serviço da *coroa*, José Vieira Couto, um tijuquense também formado na Universidade de Coimbra.

Em Lisboa, o procurador enviado pelos moradores principais do Tijuco, José Joaquim Vieira Couto, que era irmão do mineralogista e que seria mais tarde preso pela Inquisição sob acusação de ser *pedreiro livre*,[6] conseguiria que Dom João ordenasse a investigação das denúncias contra o intendente. Quando o Alvará das Minas foi publicado em 1803, a Intendência de José Inácio encontrava-se sob *devassa* e ele próprio afastado do cargo desde 1801; o qual, aliás, não voltaria a ocupar, apesar de a investigação tê-lo isentado de quaisquer culpas.

Mas se na resposta à representação dos moradores do Tijuco o príncipe regente mostrou firmeza e pouco titubeou, no caso da recusa

---

6 Maçom, José Joaquim foi preso junto com Hipólito José da Costa, editor do primeiro jornal brasileiro, o Correio Braziliense. Libertados pelos franceses que haviam acabado de invadir Portugal em 1807, Hipólito seguiu para Londres, permanecendo José Joaquim em Lisboa, onde foi assassinado sob acusação de colaboração com a França.

do vice-rei do Brasil em cumprir a ordem régia de dar posse a Manoel Ferreira na Intendência, Dom João relevou. Melhor protelar, deixar como estava e ganhar tempo para ver depois como ficaria, esquivou-se o príncipe, como era do seu feitio.

Seja como for, o fato é que a desfaçatez do vice-rei Dom Fernando em sua resposta ao ministro revelava a perda de prestígio crescente do protetor de Manoel Ferreira em uma *corte* marcada pelas intrigas. A sempre ardilosa esposa do regente, Dona Carlota Joaquina, por exemplo, não o aturava, apelidando-o ora de *"doutor embrulhada"*, ora de *"doutor trapalhada"*. Além disso, Dom Rodrigo de Souza era defensor da aliança de Portugal com a Inglaterra, mas a proposta perdia força na *corte* frente aos adeptos do partido francês, liderados pelo Visconde de Anadia, Dom João Rodrigues de Sá e Melo, ministro da Guerra.

Em meados de 1803, ele acabaria deixando o Ministério da Marinha e dos Domínios Ultramarinos, sendo então nomeado pelo príncipe regente presidente do Real Erário português, mas ficaria pouco tempo no cargo. Em 15 de novembro daquele ano, Dom Rodrigo renunciou, revelando em uma carta a Dom João o ressentimento por ter sido solicitado ao seu antagonista no conselho, o Visconde de Anadia, parecer sobre um tema – o Alvará das Minas – que não era da alçada de sua pasta.

Com o protetor no ostracismo em Portugal, o intendente das Minas duas vezes nomeado pelo príncipe regente – em 1800 e 1803 – permaneceria no "exílio" na Bahia até que, em 1807, os ventos voltaram a soprar a favor de Dom Rodrigo de Souza. Diante do recrudescimento da guerra na Europa, a política de neutralidade de Portugal seria colocada em xeque-mate tanto pela França quanto pela Inglaterra. E o ex-ministro anglófilo voltaria à ativa na *corte*, convidado novamente a integrar o seleto grupo de conselheiros de Dom João.

Em 1778, o engenheiro militar português José Joaquim da Rocha traçou um mapa da então Capitania das Minas Gerais que revela a rápida ocupação do interior brasileiro provocada pela corrida do ouro e dos diamantes.
Fonte: Arquivo Público Mineiro

IV

CAMINHOS DO OURO

Festejado como século de luzes da razão e das ciências, o Século XVIII é também o século de ouro de Portugal e da formação da identidade e do território do Brasil que conhecemos hoje. Do lado de lá do Atlântico, a descoberta de formidáveis veios auríferos no interior da colônia brasileira deu sobrevida a uma *coroa* cujos cofres estavam exauridos pelas guerras contra a Holanda e a Espanha e pela perda de ricas possessões além-mar. Do lado de cá, a corrida do ouro embalou a expansão portuguesa para o interior da América do Sul em uma escala sem precedentes, rompendo a linha do Tratado de Tordesilhas, o meridiano imaginário de Norte a Sul, abençoado pela Igreja Católica, que em 1494 dividira o mundo entre Portugal, a Leste, e a Espanha, a Oeste.

Nos dois primeiros séculos pós-descobrimento, a ocupação portuguesa de sua possessão na América do Sul estivera concentrada na faixa litorânea, em permanente disputa, sobretudo com tribos indígenas do tronco lingüístico Tupi que a habitavam. Além dessas tribos, logo dizimadas, cativadas ou expulsas da costa brasileira, os portugueses enfrentavam também as investidas de conquistadores europeus de peso: dos espanhóis, ao Sul e ao Norte; de franceses, ingleses, corsários e piratas ao longo de todo o litoral; e finalmente dos holandeses que, a partir da conquista da Capitania de Pernambuco, dominaram grande parte do Nordeste por duas décadas, até serem expulsos em 1654.

Embora tenham permanecido *"arranhando ao longo do mar como caranguejos"*, conforme registrou frei Vicente do Salvador em sua *"História do Brasil"*,[1] escrita em Salvador na década de 1620, os portugueses não deixaram de promover incursões aos sertões desconhecidos da colônia, sobretudo depois da descoberta pelos espanhóis da montanha de prata de Potosí, no extremo Sudoeste da Bolívia, em 1545. Aliás, a montanha de prata localizada pelos espanhóis a Oeste do meridiano de Tordesilhas alimentaria entre os portugueses a crença de que ela teria correspondência a Leste, em paralelo à linha do Equador, na porção pertencente a Portugal. E das Capitanias de São Vicente, Rio de Janeiro, Porto Seguro e Bahia marchariam sucessivas expedições ao interior em busca de uma serra de prata, ouro ou pedras preciosas – uma nova Potosí em território português.

Contudo, essas expedições pioneiras não tiveram os resultados ansiados e apenas no final do Século XVII a existência de fabulosas riquezas minerais no sertão deixaria de ser uma lenda. Os primeiros registros oficiais da descoberta de ouro de aluvião em leitos de rios e córregos no atual Estado de Minas Gerais remontam à década de 1690, quando as frotas brasileiras começaram a ancorar em Lisboa levando as boas novas e os primeiros carregamentos do valioso metal. Mas foi no alvorecer do Século XVIII que a dimensão e riqueza dos veios auríferos começaram a revelar a sua enorme pujança, que se espalhava desde os cursos d'água dos sertões das Minas dos Cataguás ou Cataguases,[2] até os do Mato Grosso e de Goiás.

---

1 A obra do frei franciscano, natural da Bahia e formado na Universidade de Coimbra, é considerada a primeira História do Brasil e permaneceu inédita até 1888, quando foi publicada nos anais da Biblioteca Nacional.

2 Primeiro nome das minas de ouro encontradas no território habitado pelos Cataguás, grupo indígena do tronco lingüístico Macro-Jê, que

Nessa corrida ao ouro, que mudaria rapidamente a dinâmica da ocupação do território brasileiro, caberia aos mamelucos filhos de brancos com índias da Vila de São Paulo do Piratininga liderar a saga da penetração do interior da colônia. Diante do insucesso das expedições em busca de ouro e pedras preciosas e apesar da lenda da existência de enormes depósitos ainda contagiar corações e mentes no Século XVII, os paulistas haviam se voltado para o mais certo e rendoso negócio de apresamento de índios para o trabalho como cativos nas suas fazendas e roças ou para o contrabando como mão-de-obra escrava para os engenhos e canaviais da indústria açucareira do Nordeste, então motor da emergente economia colonial brasileira.

Criadores de gado e missões religiosas também marchariam rumo aos sertões desconhecidos da América do Sul, guiados pelo curso de rios caudalosos que formam as grandes bacias hidrográficas brasileiras, como a do rio São Francisco, e expandindo ao interior longínquo os tentáculos da colonização portuguesa e da catequese missionária católica. Entretanto, a ocupação efetiva do território brasileiro continuaria ainda fincada, *"como caranguejo"*, na zona costeira até a virada do Século XVII, mesmo depois de os portugueses já terem aniquilado e quase dizimado as nações indígenas que habitavam o litoral, contido os espanhóis, franceses e ingleses e expulsado os holandeses.

Como representação da institucionalização do poder da *coroa* e do domínio dos portugueses sobre o território, a criação de cidades e vilas é talvez o indicador mais confiável dessa lenta marcha da ocupação do interior nos dois primeiros séculos pós-descobrimento. Como revela a ferramenta Cidades@, do portal do Instituto Brasileiro de Geografia e Estatística (IBGE),[3] entre as 16 vilas e cidades fundadas no Século XVI pelos portugueses apenas uma estava localizada além

---

havia fugido do litoral com a chegada dos portugueses, e rapidamente seria também dizimado ou expulso do novo território das minas.

3 http://www.cidades.ibge.gov.br/xtras/home.php.

do litoral, a de São Paulo do Piratininga, a primeira fundada no interior em 1554. E o mesmo se repetirá no Século XVII: a maioria das 36 novas vilas criadas naquele século localizava-se em pontos estratégicos de defesa da costa brasileira, como Paraty, no Rio de Janeiro, Nova Lusitânia, atual Belém, no Pará, ou São Francisco do Conde, na Bahia.

No entanto, em cem anos, entre 1700 e 1800, o ouro mudaria radicalmente o perfil da ocupação da América portuguesa. Naquele século seriam fundadas pelo menos 49 vilas, sobretudo no interior, e as fronteiras do Brasil seriam alargadas a Oeste, em território espanhol, centenas de léguas além da linha divisória do Tratado de Tordesilhas. Interligando o litoral às minas e aos núcleos urbanos que nasciam da noite para o dia no sertão, uma extensa malha fluvial e terrestre floresceria também, sendo logo pontuada de postos de fiscalização, chamados de *registros*, onde eram cobrados os direitos de entrada de mercadorias e escravos e as patrulhas de soldados tentavam, embora sem muito sucesso, coibir o contrabando e o descaminho do ouro.

Se até 1700 os instrumentos de controle da *coroa* restringiam-se às alfândegas nos portos e às câmaras das vilas, no século do ouro as toscas trilhas abertas pelos aventureiros ganhariam o status de estradas reais com a criação de mais de cem *registros* fiscais, entrelaçando o território brasileiro de Norte a Sul, de Leste a Oeste. Uma das primeiras rotas oficiais para as minas recém-descobertas, o caminho da Bahia, que ligava Salvador, então capital da colônia, a Vila Rica, teve no *registro* da Contagem das Abóboras o seu mais importante posto de fiscalização, onde alimentos e o gado dos currais do rio São Francisco e do Nordeste eram tributados.

Já nas estradas reais no Sudeste, que ligavam São Paulo e o Rio de Janeiro às vilas do ouro de Minas Gerais, o *registro* do caminho velho, em Paraty, foi o primeiro a enfrentar o impacto das multidões de aventureiros atraídos pelas riquezas minerais. Com a abertura do caminho novo, que reduzia o tempo de viagem do Rio de Janeiro a

Ouro Preto a cerca de dez dias, a difícil missão de controle caberia ao novo *registro* na passagem do rio Paraibuna que se tornaria, a partir da década de 1720, no principal posto de fiscalização da circulação de riquezas, escravos, mercadorias e produtos importados, bem como de combate ao contrabando.

No Sul, *registros* como os de Viamão, no atual estado do Rio Grande do Sul, da Lapa, no Paraná, e de Sorocaba, em São Paulo, tributavam as tropas de cavalos, de animais de tração e de muares que subiam das estâncias gaúchas para abastecer as minas de ouro. E ao Centro-Oeste e ao Norte da colônia as competências de fiscalização estavam a cargo de *registros*, como o localizado no atual município de Mogi-Mirim, em São Paulo, na estrada para Goiás; o de Arraias, às margens do rio Tocantins; o de Jauru, no Mato Grosso, na rota das Monções, que ligava São Paulo às minas de Cuiabá; e o da Cachoeira do Aroaia, no rio Madeira, em Rondônia, entre outros.

À medida que os contrabandistas abriam rotas clandestinas para burlar os postos de fiscalização da *coroa*, as autoridades coloniais procuravam mudar a sua localização, como é o caso do *registro* situado no atual município de Lages,[4] em Santa Catarina. Apesar disso, os postos fiscais se tornariam referência geográfica estratégica para a ocupação dos territórios, florescendo em seu entorno casas de comércio, vendas, mercados, currais, feiras, tabernas e hospedarias que dariam origem a importantes núcleos urbanos brasileiros. A cidade de Nova Iguaçu, no Rio de Janeiro, por exemplo, nasceu do *registro* de Aguassu, a de Contagem, em Minas Gerais, do posto fiscal da Contagem das Abóboras, e a gaúcha Santo Antônio da Patrulha, por sua vez, do *registro* de Viamão.

Como não havia censo demográfico, os dados sobre a população brasileira são imprecisos. Entretanto, as estimativas sobre a evolução

---

[4] Documentos históricos registram pelo menos quatro localizações do registro de Lages às margens do rio Canoas.

populacional podem ser também bons indicadores do impacto da corrida do ouro entre 1700 e 1800, revelando um dos maiores deslocamentos humanos em toda a História da humanidade até então. No clássico "*Formação Econômica do Brasil*", publicado em 1959, por exemplo, Celso Furtado estimava que no alvorecer do Século XVIII a população "branca" era de apenas 300 mil, excluindo-se escravos africanos e índios. Em 1800, apenas cem anos depois, saltara para mais de 3,2 milhões, registrou Furtado.

Corroborando com as estimativas de Celso Furtado, Roberto Simonsen estimou a população brasileira em 242 mil em 1690 no também clássico "*História Econômica do Brasil*", editado em 1978, enquanto que Giorgio Mortara em 3,6 milhões em 1800, conforme estudos publicados em 1941 em "*Sobre a Utilização do Censo Democrático para a Reconstrução das Estatísticas do Movimento da População do Brasil*".

Como a do ouro, a corrida dos diamantes teria também papel decisivo na expansão territorial e demográfica da América portuguesa ao longo do Século XVIII. O registro oficial da existência de diamantes na Comarca do Serro Frio remonta ao dia 22 de julho de 1729, data da carta em que o primeiro governador da Capitania das Minas Gerais, Dom Lourenço de Almeida, informava ao rei Dom João V a descoberta de "*pedrinhas brancas, que se entendem serem diamantes*". E junto com a correspondência para Dom João V o governador despacharia um lote de amostras das tais "*pedrinhas brancas*", cristalizadas e brilhantes, para que ourives de Lisboa atestassem se eram verdadeiramente diamantes.

No entanto, a descoberta de fato de diamantes é anterior ao registro oficial, a exemplo do ouro. No livro "*História dos Diamantes nas Minas Gerais no século XVIII*", publicado em 1945 no Rio de Janeiro, Augusto de Lima Júnior recua a descoberta ao ano de 1714, quando Francisco Machado da Silva teria encontrado as pedras entre cristais, quando minerava na lavra de ouro de São Pedro. À descoberta de

Francisco Machado sucederam-se outras e em 1721 os diamantes já eram encontrados em profusão em diversas lavras de ouro do Serro Frio, como na do rio Morrinhos, de Bernardo da Fonseca Lobo, e nas de Nicolau dos Santos Fiúza e de Manoel Nogueira de Passos, registrou o historiador mineiro.

Sem saber que eram diamantes, reza a lenda que os mineradores usavam as pedras brilhantes como tentos de jogos e adornos. E seria jogando gamão que dois moradores da Capitania da Bahia em viagem de negócio ao Arraial do Tijuco, o frei Eloi Torres – um italiano que já residira na Índia e conhecia as minas de diamantes de Goa – e Felipe de Santiago, vendedor ambulante, teriam reconhecido que os marcadores de ponto eram, na verdade, valiosos diamantes.

Nas viagens seguintes ao Tijuco, os dois comerciantes teriam passado a adquirir, por preços ínfimos, partidas dos tentos de jogos que levavam para a cidade de São Salvador pelo caminho da Bahia. De lá, eles as despachavam secretamente para Portugal em naus da frota da carreira das Índias que faziam escala na então capital da colônia todos os anos, para que, se descobertas, passassem pela alfândega lisboeta como se fossem provenientes das minas indianas de Golconda e do Bornéu.

Para o sucesso dessa engenhosa operação contra os cofres reais, os dois comerciantes da Bahia teriam envolvido toda a cadeia de autoridades coloniais, do governo da Capitania de Minas Gerais aos ouvidores da Comarca do Serro Frio, de capitães de navios a marinheiros e agentes alfandegários. E por quase 15 anos os veios diamantíferos da Comarca do Serro Frio teriam sido explorados sem conhecimento da *coroa*, em uma ardilosa e sigilosa trama envolvendo ingênuos mineradores, espertos contrabandistas e uma poderosa rede de comerciantes cristãos-novos que se ramificava da Europa ao Brasil, registrou Lima Júnior em seu livro.

Já o médico português Jacob de Castro Sarmento, um cristão-novo que se exilara em Londres fugindo da Inquisição portuguesa, leva para 1726 o ano mais provável do reconhecimento de que as tais pedrinhas eram diamantes, atribuindo-o ao vendedor ambulante citado por Lima Júnior: Felipe de Santiago. No verbete sobre diamantes do seu livro *"Matéria Médica, Físico-Histórica-Mecânica do Reino Mineral"*,[5] publicado na Inglaterra em 1735, o médico exilado registrou que os primeiros achados se deram entre 1723/1724, mas que o reconhecimento por Felipe de Santiago de que eram diamantes apenas teria ocorrido dois ou três anos depois.

Em pelo menos dois outros relatos de época, 1726 é apontado também como o ano mais provável de reconhecimento de que as *"pedrinhas brancas"* eram diamantes. Em uma correspondência do agente comercial de Sabará, Francisco da Cruz, enviada ao seu sócio lisboeta, Francisco Pinheiro, em 1727; e em documentos antigos sobre a região diamantina coligidos pelo ouvidor-geral da Capitania das Minas Gerais, Caetano Costa Matoso, bem como em seus próprios apontamentos, escritos em meados do Século XVIII e reunidos no "Códice Costa Matoso".

Seja como for, foi mesmo em 1726 que o governador Dom Lourenço de Almeida soube da ocorrência de diamantes nas lavras de ouro da capitania. Em viagem a Vila Rica, o minerador Bernardo da Fonseca Lobo levara um lote das *"pedrinhas brancas"* para presentear o secretário do governador, Manoel de Afonseca. Ao ver o valioso presente, o governador, que servira como militar na possessão portuguesa de Goa, na Índia, e conhecera as minas de diamantes, logo percebeu do que se tratava e determinou ao seu secretário que solicitasse ao minerador outros lotes das pedras. Bernardo da Fonseca então desconfiou e a suspeita de que os as pedrinhas eram preciosas se confirmou.

De volta ao Arraial do Tijuco, o minerador não escondeu o que descobrira e a boa nova se espalhou, atraindo mineradores e aventu-

---

5   O livro do médico português é considerado o primeiro relato impresso sobre a descoberta dos diamantes no Brasil.

reiros das vilas mineiras e de outras capitanias, como da Bahia e do Rio de Janeiro. Na carta já citada do agente comercial Francisco da Cruz, ele relataria, por exemplo, que em 1727 mais de mil mineradores tinham deixado a Vila de Sabará em direção às novas minas de diamantes no Serro Frio.

E dois anos depois, quando a descoberta foi finalmente oficializada, nada menos do que cem lavras já estavam produzindo diamantes em afluentes do rio Jequitinhonha, registrou o historiador Lima Júnior, relacionando em seu livro algumas delas, como as dos ribeirões do Tijuco, Santo Antônio, São Francisco, nos arredores do arraial; e as do Inferno, Biribiri, Sentinela, Pinheiro, Mosquito e do Caetémirim, entre outras, onde as pedrinhas eram catadas quase que à mão.

Autor do clássico *"Memórias do Distrito Diamantino da Comarca do Serro Frio (Província de Minas Gerais)"*, publicado em capítulos no jornal *"O Jequitinhonha"* entre 1862 e 1864 e reunidos pela primeira vez em livro no Rio de Janeiro em 1868, Joaquim Felício dos Santos anotou também que os diamantes já eram conhecidos e explorados regularmente nas lavras do Tijuco em 1729. Contudo, o jornalista, historiador e político, que residiu no antigo arraial, não arriscou conjecturar ano, local ou mesmo nome de quem primeiro teria descoberto os diamantes.

"Não se sabe ao certo qual o lugar em que fora achado o primeiro diamante, atenta a variedade de tradições que há a respeito", ele escreveu cauteloso, acrescentando que *"não é menos difícil dizer quem fora o primeiro descobridor, ou antes o primeiro conhecedor dos diamantes entre nós"*.

Mas pela resposta de Dom João V à correspondência do governador Dom Lourenço de Almeida constata-se que a própria *coroa* portuguesa já tinha mesmo conhecimento da descoberta dos diamantes na Comarca do Serro Frio antes de 1729. Na carta régia em resposta ao governador, datada do dia nove de fevereiro de 1730, Dom João V censurava-o pelo atraso na comunicação da descoberta das *"pedrinhas brancas"*, bem como de sua displicência no trato da estupenda riqueza. Apesar da reprimenda, o rei assegurou-lhe, porém, poderes amplos e ilimitados para baixar as primeiras normas e resguardar os interesses da Real Fazenda sobre as novas minas de diamantes.

Ao mesmo tempo em que tratou de cumprir com zelo as ordens reais, elevando de cinco mil para 20 mil réis a taxa de capitação anual por escravo empregado nos serviços diamantinos em 1732, Dom Lourenço de Almeida procurou resguardar, sobretudo, os seus próprios interesses e a sua fabulosa riqueza acabaria virando outra lenda. Conta-se que quando retornou a Lisboa em 1733 o ex-governador da Capitania das Minas Gerais teria levado na bagagem nada menos do que cem mil moedas de ouro e centenas de quilates das *"pedrinhas brancas"*,[6] nada declarando à alfândega ao desembarcar no porto na ribeira das naus no rio Tejo.

Aos que perguntavam a origem de tamanha fortuna, Dom Lourenço de Almeida respondia laconicamente: *"tinha muito a comprar, pouco a dar, nada a emprestar"*. Irmão do patriarca da Igreja Católica em Portugal, Dom Tomás de Almeida, o ex-governador tinha mesmo costas largas na *corte* e apenas teria revelado a descoberta ao rei em razão do burburinho causado pelo crescimento da oferta de diamantes no mercado internacional. É que, temerosos com a queda dos preços pelo excesso de oferta, negociantes cristãos-novos que controlavam o comércio de diamantes a partir da Holanda teriam alertado Dom João V e a notícia acabaria chegando também aos ouvidos de

---

6   Dom Lourenço de Almeida, que governou a Capitania das Minas Gerais por 11 anos, entre 1721 e 1732, teria retornado ao reino com uma fortuna estimada em 18 milhões de moedas de cruzado. Um tesouro fabuloso, considerando que uma moeda de cruzado correspondia a aproximadamente 400 réis.

Dom Lourenço de Almeida em Vila Rica, que se viu então obrigado a comunicar oficialmente a descoberta ao rei.

Além disso, a corrida às minas de diamantes do Serro Frio tornava também quase impossível ao governador manter o segredo; o que, para tanto, em muito havia contribuído o falastrão Bernardo da Fonseca Lobo. Obcecado pelas benesses que o título de descobridor lhe conferiria, o minerador, inclusive, embarcaria para Portugal em 1729, ano da carta em que Dom Lourenço de Almeida oficializou a descoberta ao rei. E em Lisboa ele acabou por obter de Dom João V boa parte das mercês e privilégios com as quais sonhava, como o cobiçado hábito de cavaleiro da Ordem de Cristo, a patente de capitão-mor e o cargo vitalício de tabelião na Vila do Príncipe.

Com a singela censura ao governador e a recompensa a Bernardo da Fonseca Lobo, o rei jogava assim uma pá de cal sobre o desvendamento do mistério de quando, onde, como e quem realmente descobriu as *"pedrinhas brancas"* ou as reconheceu como diamantes. Qual teria sido o primeiro entre os mineradores: Francisco Machado da Silva, Bernardo da Fonseca Lobo, Nicolau dos Santos Fiúza ou Manoel Nogueira de Passos? Se não um deles, quem teria reconhecido os tentos de jogos e adornos como pedras preciosas: Felipe de Santiago, frei Eloi Torres ou Dom Lourenço?

Seja lá quem tenha sido, o fato é que Dom João V estava pouco preocupado com isso. Em êxtase com a visão da extraordinária riqueza anunciada, o rei concentraria todas as suas energias para comemorar e alardear para o mundo a descoberta de mais uma Potosí portuguesa depois das minas de ouro: nada menos do que o primeiro grande enclave diamantífero encontrado no Ocidente, cuja dimensão teria paralelo apenas cerca de 150 anos depois, com a descoberta de minas de diamantes na África do Sul.

As mais bonitas amostras do lote de *"pedrinhas brancas"* enviado por Dom Lourenço de Almeida foram então despachadas imediatamente a Roma, para a benção do papa Clemente XI, e Dom João V ordenaria ainda a celebração de *te-deums* nas igrejas e a realização de procissões solenes nas principais paróquias de Lisboa e do reino para comemorar a descoberta e dar graças a Deus. E das principais casas reais européias Portugal receberia congratulações oficiais – com certeza, não muito sinceras – pela nova fonte de riqueza da sua sempre fecunda possessão na América do Sul.

O Arraial do Tijuco, atual Diamantina, foi o centro dinâmico do primeiro enclave diamantífero descoberto pelos europeus no Ocidente. Foto: Fernando Piancastelli.

V

DIAMANTES

Se a descoberta do ouro atraiu multidões aos ribeirões tributários do rio Jequitinhonha próximos às suas nascentes no Serro Frio nos primeiros anos do Século XVIII, o diamante provocaria também uma invasão de aventureiros de todas as partes do Brasil e do além-mar. E o Arraial do Tijuco, epicentro da longa saga das preciosas pedras, logo se tornaria um dos mais prósperos núcleos urbanos da América portuguesa, cuja população em 1732 já ultrapassava a da Vila do Príncipe, sede da comarca, conforme deixou registrado o governador Dom Lourenço de Almeida.

Como as atuais cidades do Serro, Ouro Preto, Sabará ou Caeté, o antigo Tijuco, que quer dizer lama, lodo, na língua Tupi, nasceu com a descoberta do ouro de aluvião nas confluências de dois ribeirões: Piruruca e Grande. As primeiras habitações, rústicas e cobertas com palha, floresceriam nas margens destes ribeiros por volta de 1704 e se multiplicariam encosta acima da Serra de Santo Antônio. Ao primeiro arruamento, do Burgalhau, seguiriam outros, como os do Bonfim, das Mercês, do Contrato, da Direita e do Macau, cujos traçados permanecem os mesmos mais de 300 anos depois.

Em um curto espaço de tempo, o diamante faria florescer uma civilização sofisticada no Tijuco, a centenas de quilômetros do litoral. As primeiras palhoças logo dariam lugar a edificações sólidas, construídas em pedra ou pau-a-pique e cobertas com telhas de barro moldadas nas cochas dos escravos. Entre essas edificações, a Igreja da Nossa Senhora do Rosário é a mais antiga. E são também do Século XVIII quase todos os templos do velho centro urbano, como as capelas de Nossa Senhora do Amparo, do Senhor do Bonfim, e as igrejas de São Francisco, das Mercês e da Ordem Terceira do Carmo. A exceção fica por conta da Sé de Santo Antônio, demolida no início do Século XX para dar lugar à catedral atual.

Já entre as edificações civis, destacam-se os casarões do período do apogeu do diamante, entre os quais a Casa do Contrato, hoje Palácio Episcopal; a da Intendência dos Diamantes, pertencente à Prefeitura; a do inconfidente Padre Rolim, onde está instalado o Museu do Diamante; e a do Muxarabiê, na rua da Quitanda. Essa última construção, que abriga hoje a Biblioteca Antônio Torres, revela a influência árabe nos primórdios do povoamento, com uma de suas três sacadas fechada por treliças de madeira, para que as mulheres pudessem observar o movimento na rua sem serem vistas.

Apesar do vigoroso crescimento urbano, a decisão da *coroa* portuguesa em manter sob controle o território do primeiro enclave diamantífero ocidental impediu que o Tijuco, ao contrário de outros núcleos mineradores, alcançasse a autonomia administrativa e ele permaneceu com foros de um singelo arraial por mais de cem anos. Apenas no Império, nove anos após a Independência do Brasil, o arraial seria elevado à Vila do Tijuco e em 1838 a cidade de Diamantina.

Até a adoção do monopólio privado da mineração de diamantes em 1739, por meio de leilões dos contratos, ordens e contra-ordens marcariam os compassos da produção. Entre a oficialização da descoberta em 1729 e o ano de 1731, Dom Lourenço de Almeida deixara livre a mineração aos que pudessem pagar a taxa de capitação por escravo empregado, inicialmente de cinco mil réis–a mesma do ouro. Mas em 1732 ele determinaria o fechamento das lavras, de acordo com as novas ordens que recebera do rei Dom João V e que visavam à implantação da arrematação de áreas de mineração, as chamadas *datas*, pelo lance mínimo de 60 mil réis por braça[1] quadrada, reservando-se as melhores para a *coroa*.

À frente de numerosa tropa de soldados, o capitão do Regimento de Dragões, José de Morais Cabral, foi então despachado pelo governador para o Tijuco, com ordens de expulsar, prender, deportar para a África por dez anos e confiscar bens dos que se recusassem a deixar as lavras. Mas ao entrar no arraial ao som de caixas e tambores em meados de janeiro de 1732, o capitão deparou-se com as ruas vazias: as más-notícias chegaram antes e os tijuquenses haviam fugido para os matos com os escravos e bens que conseguiram carregar.

Nos três meses seguintes, as patrulhas de soldados do Regimento de Dragões perseguiram os fugitivos e fecharam lavras, enquanto que em Vila Rica representantes dos mineradores faziam petições a Dom Lourenço de Almeida em que alegavam que, por ser incerta a existência de diamantes nas áreas a serem arrematadas, seria injusta a cobrança pelas *datas*. Diante dos argumentos e da firme resistência dos tijuquenses, o governador acabaria expedindo uma contra-ordem em 22 de abril, cinco meses antes de ser substituído no governo da capitania.

"*Como tem sido grande os clamores que tem feito os mineiros, representando sua perda e total ruína: me resolvo a tomar sobre mim interinamente e por um ano somente o consentir que se possa minerar diamantes em todos os rios e terras da Comarca do Serro Frio, como até aqui se fez*", ele sentenciou, elevando para 20 mil réis, entretanto, o valor da taxa de capitação a ser paga anualmente por cada homem empregado nos trabalhos de mineração.

O sucessor de Dom Lourenço, Dom André de Melo e Castro, o Conde da Galveias, tomou posse em setembro de 1732 com ordens

---

1 Antiga medida de comprimento portuguesa equivalente a 2,22 metros. Uma braça quadrada corresponde a 4,84 m².

renovadas para estabelecer rigoroso controle sobre a produção, cujo crescimento contínuo havia derrubado ainda mais os preços dos diamantes no mercado internacional. Para tanto, ele elevou a taxa de capitação por escravo para 40 mil réis em 1734 e criou a Intendência Geral dos Diamantes, com sede administrativa no arraial, cabendo ao desembargador Rafael Pires Pardinho, primeiro intendente, a implantação das novas estruturas do poder colonial.

Naquele ano, chegaria ao Arraial do Tijuco Martinho de Mendonça de Pina Proença, trazendo novas ordens de Dom João V. A primeira delas era a de demarcar as áreas até então conhecidas pela ocorrência de diamantes na Comarca do Serro Frio. Feita a demarcação, seis padrões de pedra foram instalados em locais estratégicos no quadrilátero traçado no entorno do arraial.

E ao longo do Século XVIII a descoberta de novos ribeiros diamantíferos expandiria ainda mais essa primeira área demarcada do Distrito Diamantino, incorporando regiões pertencentes às distantes capitanias da Bahia, de Goiás e até mesmo do Mato Grosso.

Com isso, ampliavam-se as atribuições da Intendência e uma rede de *registros* foi criada para fiscalizar a circulação de mercadorias, coibir o contrabando e controlar o acesso ao Distrito Diamantino. Nos caminhos da Bahia, de Goiás e do rio São Francisco, a fiscalização ficava a cargo dos postos fiscais e patrulhas de soldados do rio Manso, na hoje cidade de Couto de Magalhães de Minas, e do rio Caeté-mirim, em Inhaí, distrito da atual Diamantina.

Já nas estradas reais para Ouro Preto os *registros* mais importantes eram os de Milho Verde, situado no atual distrito do Serro, a Leste da Serra do Espinhaço, e os do rio Paraúna, no atual município de Presidente Juscelino, e da Contagem das Abóboras, a Oeste.

A segunda ordem régia trazida por Martinho de Mendonça abolia outra vez o sistema de capitação por escravo empregado nas lavras, suspendia a produção de diamantes e anulava as cartas de *datas* concedidas para a mineração de ouro na demarcação diamantina. As penas anteriores de prisão, degredo e confisco de bens dos que se recusassem a cumprir as ordens régias foram reiteradas e 40 soldados a cavalo do Regimento de Dragões ficariam encarregados de patrulhar o Distrito Diamantino, cabendo ainda ao intendente nomear *capitães-do-mato* com poderes para prender mineradores, escravos fugidos e quilombolas.

Se dois anos antes o governador Dom Lourenço havia recuado no cumprimento da ordem do rei Dom João V, o seu sucessor, o Conde de Galveias, contava agora com o aparato da intendência para executá-la e o fez sem pestanejar, expedindo um *bando*[2] em que fixava o prazo para o fechamento das lavras em fins de agosto de 1734.

Mais uma vez, os mineradores reclamaram, mas de nada valeram as suas petições: a extração de diamantes ficaria impedida por quase seis anos, até que os preços no mercado internacional se estabilizaram e a *coroa* portuguesa decidiu retomar a produção em 1739, por meio do monopólio privado – o leilão de contrato de extração a particulares.

Pelo novo sistema, que vigorou entre 1740 e 1771, a exploração de diamantes seria concedida a um único concessionário – ou grupo de sócios e investidores – que se comprometesse a cumprir as condições do contrato e oferecesse o maior lance no leilão. De acordo com o contrato, cuja vigência seria de quatro anos, permitida a renovação, a mineração só poderia ocorrer nas áreas autorizadas pela Intendência Geral dos Diamantes; os escravos empregados, em um limite de 600, teriam de estar matriculados; e parte do valor da arrematação do contrato deveria ser paga à *coroa* antecipadamente.

Como é de se imaginar, o fabuloso negócio atraiu as atenções de grandes comerciantes e investidores do Brasil e de Portugal e de ricos mineradores de ouro da Capitania das Minas Gerais. O próprio governador Gomes Freire de Andrade, que substituíra o Conde Galveias, estaria em pessoa no Arraial do Tijuco em dez de junho de 1739, dia

---

2   Proclamação de uma ordem do governador.

do leilão, quando o amigo, o sargento-mor João Fernandes de Oliveira, em sociedade com o investidor Francisco Ferreira da Silva, sairia vencedor. Oferecendo 230 mil réis/ano por cada escravo que empregasse nos serviços diamantinos a partir do dia 1º de janeiro de 1740, João Fernandes e o sócio arrematariam o primeiro contrato.

Para garantir o monopólio dos contratadores, o governador renovaria as ordens régias contra a extração clandestina e o contrabando, determinando a detenção, pagamento de multas e expulsão dos que não tivessem emprego ou cargo na administração diamantina. Aqueles que desejassem fixar-se no distrito deveriam apresentar-se ao intendente, a quem competia autorizar a concessão ou não da licença de residência.

Por sua vez, os contratadores tinham assegurado o direito pleno de executar os seus devedores e de denunciar, mesmo sem provas, suspeitos de irregularidades, cuja prisão, confisco de bens e deportação para a África poderiam ser sumariamente ordenadas pelo intendente.

Fortemente respaldado pelas leis régias e pelo aparato da Intendência Geral dos Diamantes, o monopólio privado vigorou por 31 anos, sendo celebrados seis contratos. João Fernandes e o investidor Francisco Ferreira estiveram à frente dos dois primeiros, até 1747. O terceiro, de 1748 a 1752, foi arrematado por Felisberto Caldeira Brant em sociedade com os irmãos Conrado e Sebastião, mas em 1753 o sargento-mor estaria de volta no quarto contrato, agora em sociedade com Antônio dos Santos Pinto e Domingos de Basto Viana, renovando-o até 1761. O sexto e último contrato seria o mais longo, vigorando de 1762 a 1771, e reuniria João Fernandes de Oliveira e o filho homônimo.

Durante as três décadas de vigência dos contratos, as remessas oficiais de diamantes para Lisboa foram da ordem de 1,66 milhão de quilates,³ segundo levantamentos realizados tanto pelo Barão de Eschwege, no Século XIX, quanto por Pandiá Calógeras, no Século XX. Neste montante, os quatro contratos do sargento-mor, em sociedade com investidores, responderam por 48,4% das remessas de diamantes no período e o último contrato, exclusivamente com o filho, por 42,2%. Ao fim e a cabo os cinco contratos dos Fernandes de Oliveira responderiam por nada menos do que 90,6% do total de remessas para Portugal.

Apesar disso, João Fernandes enfrentaria dificuldades na administração dos dois primeiros contratos. Tanto que em 1747 o sargento-mor desistiria de pleitear a terceira renovação, por não conseguir honrar o pagamento das *letras*, avalizadas pela *coroa* e vendidas em Lisboa e no Rio de Janeiro, com as quais ele custeava os serviços diamantinos.

Endividado, João Fernandes pai pode contar mais uma vez com o socorro do amigo governador Gomes Freire de Andrade. Com a autoridade que o cargo lhe conferia, ele intercedeu pelo casamento do amigo com uma rica viúva da capitania, Isabel Pires Monteiro, dona de fazendas, escravos e criações de gado e de cavalos. Com o dote das riquezas da segunda esposa, o sargento-mor pode então atestar patrimônio e reconquistou credibilidade para negociar as *letras* e dívidas com os credores.

De volta a Portugal em 1751, ele encarregaria o filho João Fernandes de Oliveira pela administração do quarto contrato. Formado em Cânones pela Universidade de Coimbra, o jovem doutor e cavaleiro da Ordem de Cristo, natural das Minas Gerais, fora nomeado como desembargador do Tribunal da Relação do Porto em 1752, mas resolveu deixar a promissora carreira na magistratura no reino para aventurar-se no negócio dos diamantes. No segundo semestre de 1753 ele já estava no Tijuco, onde permaneceria por 17 anos; primeiro

---

3   Medida de peso equivalente a 0,2 gramas.

como administrador e representante do sargento-mor e dos investidores no quarto e quinto contratos e depois como único sócio do pai no sexto e último contrato.

Conhecido pelo romance com Chica da Silva, a escrava que comprou e alforriou logo após chegar ao arraial em 1753 e com quem teve 13 filhos, João Fernandes acumulou enorme fortuna no negócio dos diamantes e foi mecenas de jóias do barroco mineiro, como a Igreja da Ordem Terceira de Nossa Senhora do Carmo, a mais suntuosa de Diamantina. O belo sobrado onde viveu com Chica da Silva e os filhos, hoje Casa do Patrimônio e escritório do Instituto do Patrimônio Histórico e Artístico Nacional, é outra edificação singular construída a mando do poderoso contratador de diamantes.

Em 1770, a súbita decisão de João Fernandes de viajar para Portugal, de onde nunca mais retornaria, alimentaria a suspeita de que ele partira do Tijuco tão somente para se defender das denúncias de que quebrara as regras do contrato, empregando mais escravos do que o permitido, e de que se beneficiara das redes de extração ilegal e contrabando de diamantes.

Duas décadas antes, aliás, denúncias de conluio com contrabandistas, dívidas com a *coroa* e até o roubo do cofre de diamantes da Intendência haviam levado o contratador Felisberto Caldeira Brant às masmorras do presídio da Limeira, em Lisboa. Em 1755, Felisberto sobreviveria ao terremoto que deixou em ruínas grande parte da cidade e se apresentou ao Marquês Pombal, alegando que as denúncias não passavam de intrigas e pedindo justiça. O ministro concedeu-lhe a liberdade para se defender, mas o ex-contratador faleceu em Portugal antes de conseguir provar inocência.

Estudiosa da história do Distrito Diamantino, a historiadora Júnia Furtado contesta a versão de que o desembargador tenha sido intimado pela *coroa* a voltar a Portugal. Em *"Chica da Silva e o contratador dos diamantes – o outro lado do mito"*, publicado em 2003, a historiadora registra que a razão da viagem do contratador foi a notícias de que o pai falecera, sendo antes induzido pela segunda esposa, Isabel Pires, a alterar o testamento para assegurar-lhe metade de todos os bens, e não o pactuado à época do casamento. Como a disputa judicial com a madrasta se alongou mais do que o esperado, João Fernandes viu-se obrigado a permanecer em Lisboa e este teria sido, inclusive, um dos motivos da abolição do sistema de contratos pelo marquês em 1771.

Seja esta a razão ou não, o fato é que no dia dois de agosto daquele ano a *coroa* portuguesa instituiria o monopólio régio sobre a extração de diamantes, regulando-o por meio do Regimento Diamantino, o Livro da Capa Verde. Compilação de todas as cartas régias, alvarás, portarias, leis e *bandos* sobre a mineração que vigoravam até aquele momento, o regimento trazia como novidades a criação da Real Extração e a ampliação de atribuições e poderes da Intendência Geral dos Diamantes, que passava a ser subordinada diretamente à Diretoria Geral do Real Erário em Lisboa.

Como durante o período dos contratos, a extração de diamantes continuaria proibida aos particulares com a instituição do monopólio régio. Mas logo os senhores principais do Arraial do Tijuco incrementariam outras fontes de renda: uma delas, a locação de escravos para os serviços diamantinos, cujos juros anuais chegavam a 16% por cabeça alugada à Intendência. A outra fonte de renda seria a cobertura às atividades da mineração clandestina, então chamada garimpos, das quais os senhores se beneficiavam tanto vendendo alimentos e produtos para os garimpeiros e quilombolas quanto comprando e contrabandeando a sua produção.

Estima-se que para cada dez quilates de diamantes extraídos oficialmente no Distrito Diamantino no Século XVIII outros cinco foram extraídos clandestinamente. Como nos garimpos da Serra de Itacambira, próximo ao arraial onde nasceu Manoel Ferreira da Câmara, o futuro Intendente Câmara.

Sucessivas descobertas de veios diamantíferos nos ribeirões da serra haviam atraído milhares de aventureiros nas duas primeiras décadas da Real Extração e apenas em 1788 o famoso garimpo chefiado pela quadrilha de João Costa, João Rodrigues – "Tambor", Antônio – "Bamba" e José Ferreira – "Orelha Pé de Pato" seria debelado pela numerosa tropa de Dragões enviada pelo governo da capitania.

Apesar do descaminho, a produção oficial das lavras do Distrito Diamantino atingiria o seu ápice entre 1770 e 1795; fortemente estimulada pela *coroa*, em razão da alta cotação que as pedras alcançavam no mercado internacional – em média, oito mil réis o quilate. E, embalada pelo trabalho escravo de até cinco mil negros alugados à Intendência, a produção atingiria a marca dos 157,7 mil quilates entre os anos de 1772 e 1775, a de impressionantes 583,7 mil no período 1775/1786 e a de 293,1 mil quilates entre 1786 e 1795, como registrou o engenheiro alemão Guilherme D'Eschwege, em seu livro *"Pluto Brasilienses"*, publicado na Alemanha em 1833 e pela primeira vez no Brasil em 1941.

Mas o século das luzes e do ouro de Portugal e da formação do Brasil chegaria ao fim regido pelos acordes dos crescentes conflitos entre as potências européias e a produção de diamantes sofreria as consequências drasticamente. Com o conflito se alastrando e sem condições de transportar a preciosa carga pelos mares com segurança, a *coroa* determinou a suspensão das remessas anuais de diamantes para Lisboa, decaindo a produção.

Entre 1795 e 1801, as lavras renderiam apenas 66,7 mil quilates, reduzindo-se o plantel de escravos alugados à Intendência a 1,5 mil, para desespero de boa parte dos senhores da elite do Tijuco que vivia da locação da mão-de-obra escrava.

Não bastasse isso, a drástica redução da produção coincidia com a chegada ao arraial do novo intendente, João Inácio de Amaral Silveira, que trouxera de Lisboa instruções severas para ampliar o cerco à mineração clandestina. Na queda de braço com o despótico intendente, que mandara fechar casas de comércio, promovera deportações de moradores suspeitos e restringira o acesso ao Distrito Diamantino, reduzindo ainda cargos e substituindo funcionários da administração, os tijuquenses levariam a melhor, mas a produção continuaria em declínio nos primeiros anos do Século XIX.

Depois da crise da mineração de ouro no Brasil, cujos *quintos* haviam rendido aos cofres reais a gigantesca soma de cem toneladas – das mais de mil toneladas[4] extraídas legal e clandestinamente desde o descobrimento das minas na virada do Século XVII -, era a vez do declínio da produção de diamantes abalar, ainda mais, as já combalidas finanças da *coroa* portuguesa.

E o pior: tudo isso em meio a uma escalada sem fim de conflitos na Europa, mares e oceanos e sob a regência de um príncipe titubeante, Dom João, que apostava na salvação do trono tentando se equilibrar na corda bamba da neutralidade de Portugal entre a França e a Inglaterra.

---

4 A estimativa é do jornalista Lucas Figueiredo no livro "Boa ventura! A corrida do ouro no Brasil (1697-1810)", de 2011.

Embora não fosse mais a capital do Brasil, São Salvador era a segunda cidade mais populosa do império português quando Manuel Ferreira da Câmara desembarcou na Bahia em 1800. Foto: Pedro Miranda

VI

BAHIA

Embora não fosse mais a capital do Brasil desde 1763, quando Manoel Ferreira da Câmara desembarcou em São Salvador da Baía de Todos os Santos em janeiro de 1801 a cidade ainda era a segunda maior do reino português e contava com cerca de 60 mil habitantes, sendo superada apenas por Lisboa, com suas 180 mil almas. Fundada pelo primeiro governador-geral do Brasil, Tomé de Souza, em 1549, Salvador preservara a condição de entreposto privilegiado de comércio de produtos do reino, da Ásia e da África, e do tráfico negreiro, integrando-se ativamente ao recôncavo baiano, à colônia e ao mundo.

Radicada na Bahia desde o Século XVII, a família do *ilustrado* fundira-se à elite baiense, tornando-se proprietária de engenhos de cana-de-açúcar e fazendas no entorno das vilas do recôncavo baiano, em Nossa Senhora do Porto de Cachoeira e em Santo Amaro da Purificação. Na década de 1780, quando Manoel Ferreira e o irmão mais velho José de Sá Bethencourt e Accioli seguiram para os estudos na Universidade de Coimbra, seus pais e tios haviam expandido os negócios da família para o Sul e Sudeste da Bahia, ao adquirirem propriedades confiscadas dos jesuítas, desde a baía de Camamu até a Vila de São Jorge de Ilhéus.

Manoel Ferreira retornava então ao Brasil na condição de herdeiro de uma das famílias mais prósperas e influentes da Bahia e a sua chegada naturalmente causaria sensação na sociedade soteropolitana. Além de rico herdeiro, o jovem imberbe que partira para Portugal 20 anos antes era agora homem maduro, mas solteiro. De porte altivo – embora de baixa estatura -, olhar firme e penetrante, sua instrução nas melhores academias européias lustrava ainda mais o seu já elevado status social. Não bastasse isso, ele voltava a serviço da *coroa* portuguesa, apadrinhado pelo todo-poderoso ministro da Marinha e dos Domínios Ultramarinos, Dom Rodrigo de Souza Coutinho.

Depois de viver boa parte da juventude no Velho Mundo, Manoel Ferreira com certeza estranhou o burburinho anárquico de São Salvador, cujos contrastes chamavam a atenção de todos visitantes europeus naquela época. Vista do mar, a paisagem espetacular da cidade alta murada, com suas igrejas, conventos e palácios deslumbrava os olhos, mas ao desembarcar no porto o visitante deparava-se com ruas íngremes e estreitas, sujas e atulhadas de tendas de artífices e de vendedores de toda sorte de produtos, frutas e quitutes. E com as filas de escravos quase despidos, carregando nos ombros para a cidade alta, ladeiras acima, mercadorias ou seus senhores em liteiras e cadeirinhas. Às noites e madrugadas, era a vez das tavernas, bordéis e casas de prostituição marcar os compassos sensuais do caótico burburinho tropical.

Por outro lado, a face católica de São Salvador oferecia uma frenética agenda religiosa de procissões, missas, *te-deums*, quermesses e festas para cada um dos santos da baía quase todos os dias do ano, quando então os rituais sagrados se misturavam aos profanos e enfeitiçavam ricos e pobres, como acontece ainda hoje. Apresentações teatrais, óperas, saraus, recepções, bailes e jantares completavam, por sua vez, o cardápio social e cultural da rica aristocracia baiense, por meio do qual o *ilustrado* bacharel que chegava da Europa pode rapidamente resgatar os laços familiares e inserir-se no seio da elite colonial brasileira.

Como servidor da *coroa*, Manoel Ferreira logo tratou de municiar o padrinho Dom Rodrigo de Souza com suas impressões sobre a economia, a administração pública e a política na Bahia, conforme as "Instruções" que recebera antes de embarcar na ribeira das naus do rio Tejo de volta à terra natal. E foi nesta condição de observador privilegiado, com um olhar na *corte* e outro na colônia, que ele pode ainda registrar os ecos da malfadada Conjuração Baiana, a chamada Revolta dos Alfaiates, ocorrida em Salvador em 1798, dois anos antes do seu retorno ao Brasil.

Inspirados na Revolução Francesa, os conjurados pregavam a implantação de uma República no Brasil e o fim da escravidão, sendo duramente reprimidos: entre os condenados, quatro seriam enforcados no pelourinho em Salvador e 13 degredados. No entanto, nenhum dos denunciados ou condenados pertencia à elite baiense e o único detido "*de condição*", como se dizia à época, o cirurgião Cipriano Barata de Almeida, safara-se das acusações contra ele, sendo libertado da prisão.

Em 1799, a *devassa* da vida dos conjurados já havia colocado em campos opostos o seu padrinho ministro em Lisboa e o governador da Bahia, Dom Fernando José de Portugal e Castro, que anos depois seria promovido a vice-rei Brasil. De Lisboa, o ministro Dom Rodrigo de Souza despachara ordens expressas para que o governador agisse com rigor, não poupando da investigação os suspeitos "*de condição*". Mas contrariando o ministro, Dom Fernando não só alertou os senhores envolvidos na conjuração como os poupou da *devassa*, exceto Cipriano Barata, que não dera ouvidos às suas advertências e permanecera à frente da revolta quando ela já se esvaia.

Nova queda de braço entre o ministro da Marinha e dos Domínios Ultramarinhos e Dom Fernando, agora já vice-rei do Brasil, ocorreria em 1803; ano em que o príncipe regente promulgou a tão aguardada legislação da mineração, o Alvará das Minas, e nomeou, pela segunda vez, Manoel Ferreira para o cargo de intendente geral. Mas a nova lei e tampouco a nomeação do novo intendente sairiam do papel; o quê acabaria contribuindo para a renúncia de Dom

Rodrigo de Souza, primeiro do Ministério, depois da Presidência do Real Erário português em 1803.

Com o padrinho apeado do poder em Portugal, o *ilustrado* natural de Itacambira permaneceria mais uma vez como intendente no papel, dividindo-se entre os trabalhos encomendados nas "Instruções" do ex-ministro e os negócios da família nas vilas de Cachoeira, Santo Amaro e São Jorge de Ilhéus. A Vila de Cachoeira seria, aliás, o seu domicílio e base eleitoral em 1824, quando concorreu e foi eleito para uma das cadeiras do Senado do Império, tanto pela Bahia quanto por Minas Gerais.

Destes tempos de "exílio" baiense o *ilustrado* legaria uma vasta obra, em que abordou temas diversos, desde o plantio da mandioca e de novas culturas de pimenta e canela e a conservação de matas e florestas até a pesca e o beneficiamento da carne e do óleo de baleia, atividade principal da Ilha de Itaparica, onde estava instalada a Casa do Contrato das Baleias. Além disso, Manoel Ferreira introduziu na Bahia o plantio de plantas exóticas e não perdeu de vista a modernização da indústria do açúcar, cujos processos de cultivo da cana e de produção remontavam ao Século XVI, inclusive nas fazendas da sua própria família, entre as quais a do Engenho da Ponta, na Vila de Cachoeira.

Com a obstinação que lhe era peculiar, ele teve de enfrentar a forte resistência às mudanças dos velhos senhores de engenho, ao mesmo tempo em que se dedicava, em outra frente, à prospecção de novas riquezas minerais na colônia, desde sempre uma obsessão da *coroa* portuguesa. E, como "metalurgista de profissão", formado nas melhores escolas européias, Manoel Ferreira se envolveria nos trabalho de pesquisa para investigar a ocorrência de jazidas de cobre, ferro, prata, ouro e outros minerais no vasto território da Capitania da Bahia.

Como determinava o item terceiro das "Instruções" de Dom Rodrigo de Souza, a exploração de salitre da Serra dos Montes Altos, no Vale do São Francisco, deveria ser objeto de sua atenção especial naqueles anos. É que em 1799, em plena devassa da Conjuração Baiana, a *coroa* incumbira o seu irmão e ex-inconfidente José de Sá pelas pesquisas mineralógicas na serra, cuja riqueza em salitre era lendária e prometia ser um alívio para as combalidas reservas de pólvora do reino português naquela virada de século marcada pela escalada da guerra na Europa.

Embrenhando-se pelo interior da Bahia, José de Sá confirmara a existência das afamadas salitreiras da Serra de Montes Altos, sendo nomeado seu primeiro inspetor. E pode então contar com a colaboração do irmão recém-chegado de Lisboa na implantação dos novos serviços de mineração. Juntos, os dois enfrentariam ainda o desafio da abertura de uma longa estrada para o escoamento da produção de salitre, desde a serra, localizada no alto-sertão baiano, até a baía de Camamu, no litoral, em portos próximos às fazendas da família.

Envolvido em tantas frentes de trabalho, já casado com Dona Matildes Flora e com três filhos pequenos (Augusto Ricardo, Emília Carlota e Maria Madalena) não foi sem surpresa que Manoel Ferreira receberia, no início de 1807, a notícia da sua terceira nomeação para a Intendência. Datada em Lisboa no dia 22 de dezembro do ano anterior, a nova carta régia de Dom João nomeando-o intendente era explícita quanto à sua posse e não deixava margens para manobras dos administradores coloniais:

"*Mando ao Governador da dita Capitania do Serro Frio que lhe dê a posse do dito cargo, e lho deixe servir e dele usar (...) e remeterá à Secretaria de Negócios do Reino, uma certidão da posse logo que a tomar*", determinava o príncipe regente Dom João em suas ordens ao governador da Capitania das Minas Gerais, Pedro Xavier d'Ataíde e Melo.

Contudo, Manoel Ferreira partiria da Bahia apenas em meados de agosto de 1807, cerca de seis meses após receber a notícia da sua terceira nomeação. E, embora viajando com toda a família, ele optou por seguir pelo antigo caminho terrestre, mais longo – em torno de 200 léguas, dependendo da rota – e sujeito às pestes na época de seca, como a que viajou, ao invés da jornada mais rápida pelo mar, de Salvador ao Rio de Janeiro, e daí em diante pelo caminho novo da Estrada Real até Vila Rica. Pela rota marítima/terrestre, a duração da viagem durava aproximadamente um mês, enquanto que pelo caminho antigo da capital baiana a Ouro Preto mais de dois meses.

Para a longa viagem por terra, exigia-se bom conhecimento do trajeto e de suas variantes, dos arraiais, fazendas e pousos para pernoite, além de toda logística de uma grande expedição, desde montarias de reposição, fartos suprimentos e reservas de água potável até pessoal de apoio, guias, batedores e seguranças bem-preparados. Como o caminho não era carroçável, Dona Matildes e os filhos viajaram carregados por escravos em liteiras ou redes, sendo ladeados pelas mucamas, criados, cozinheiros e carregadores.

Nas cangalhas nos lombo das mulas, seguiam a tralha de suprimentos, baús, canastras, balaios e toda a mudança da família, sendo a comitiva liderada pelo futuro intendente e protegida pela escolta de cavaleiros armados. À frente, guias e batedores sondavam os melhores trajetos e eventuais perigos e anunciavam a chegada dos nobres viajantes em cada fazenda ou arraial.

Como ainda hoje, os sertões descortinavam uma paisagem imensa e inóspita, mas Manoel Ferreira com certeza conhecia bem o território. Seus pais, o tenente Bernardino e Dona Francisca, haviam descido da Bahia para Minas por ele, até se fixarem em Santo Antônio de Itacambiruçu, onde nasceu. Com o retorno dos pais para a Bahia, ele e o irmão José de Sá seriam criados pela tia Maria Isabel ainda mais ao Sul, na Vila Nova da Rainha de Caeté. Após retornar da Europa em 1801, ele se embrenhara novamente pelos sertões, tanto para administrar as propriedades da família, quanto para pesquisar a ocorrência de minas ou abrir estradas, como a que ligou a Serra de Montes Altos, no Vale do São Francisco, ao litoral.

Apesar das dificuldades inerentes à longa jornada pelo sertão agreste, a viagem ocorreria sem maiores percalços e finalmente a comitiva do desembargador Manoel Ferreira chegou à capital da Capitania das Minas Gerais em 24 de outubro de 1807. Informado pelos batedores da comitiva, o governador Pedro Xavier já o aguardava e, três dias depois, 27, o "metalurgista de profissão" natural de Itacambira tomaria posse solenemente como intendente no Palácio dos Governadores, em Ouro Preto.

Mas Manoel Ferreira não assumiria como Intendente Geral das Minas, pois o alvará da mineração de 1803, que criou o cargo, sofrera forte resistência dos mineiros e quase todos os dispositivos previstos na nova lei continuavam no papel. O bacharel formado na Universidade de Coimbra tomava então posse como intendente dos Diamantes, o 12º desde que o Distrito Diamantino fora criado em 1734, sendo o primeiro brasileiro a ocupar este cobiçado cargo da administração colonial. Após a posse e reuniões de trabalho com o governador, ele seguiu para o destino final: o Arraial de Tijuco, sede da demarcação diamantina.

Enquanto Manoel Ferreira se inteirava do dia-a-dia da Intendência no Tijuco, em Lisboa a família real e a *corte* se preparavam para atravessar o Atlântico. Em 1803, Portugal havia literalmente comprado dos franceses, a preço de muito ouro, o direito à neutralidade na guerra contra a Inglaterra, mas nos primeiros dias de agosto de 1807 o imperador Napoleão Bonaparte passara a exigir a sua adesão ao bloqueio continental,[1] exigindo o fechamento de todos os portos portugueses para navios de guerra e de comércio britânicos.

---

1 Conhecido como Decreto de Berlim, o bloqueio continental foi declarado pela França em 21 de novembro de 1806, após a vitória sobre o exército da Prússia, e determinava que nenhum navio, produto ou cidadão britânico poderia entrar em território governado pelos franceses ou de nações aliadas.

Não bastasse isso, o imperador francês exigia também que a *coroa* portuguesa declarasse guerra à Inglaterra, expulsasse o seu embaixador, aprisionasse súditos britânicos residentes em seu território, confiscasse todos os seus bens e propriedades e fornecesse ainda quatro mil soldados e apoio financeiro. E mais: Napoleão advertia que se essas medidas não fossem adotadas até 1º de setembro, declararia guerra a Portugal.

Indisposto e acamado no palácio de Mafra, localizado a oito léguas de Lisboa, Dom João não participou da reunião do Conselho de Estado que discutiu o xeque-mate francês, realizada no dia 19 de agosto. Contudo, com a sua aprovação, o conselho decidiu comunicar à França a rejeição às exigências, ao mesmo tempo em que, secretamente, orientava seu embaixador em Londres a sondar como a Inglaterra reagiria a uma adesão de "faz-de-conta" ao bloqueio continental, na esperança de assim aplacar a ira do imperador francês.

Ainda sem uma resposta oficial da França, outra reunião do Conselho de Estado ocorreria seis dias depois, 25 de agosto, agora no palácio de Mafra e com a presença de Dom João, quando foi decidido o envio para o Brasil do príncipe da Beira, o seu filho Dom Pedro, de apenas oito anos, bem como a preparação de navios para a longa viagem.

Uma das vozes dissonantes nessas reuniões foi a de Dom Rodrigo de Souza Coutinho, àquela altura dos acontecimentos já convidado a integrar novamente o seleto grupo de conselheiros reais. Em ambas, o padrinho político de Manoel Ferreira propôs que Portugal respondesse ao ultimato com a declaração de guerra à França, a arregimentação de 70 mil soldados e de uma vultosa soma de recursos para financiar a guerra. Caso isso não fosse suficiente para defender o reino, ele propunha que a família real se transferisse para o Brasil.

Mas finalmente, em meados de setembro chegaria a resposta de Paris, na qual Bonaparte não apenas reiterava todas as exigências anteriores, como advertia que não toleraria por muito mais tempo a indecisão de Portugal. Na verdade, o prazo para a adoção do bloqueio fora prorrogado pelos franceses para o dia 1º de outubro – data na qual o embaixador da França e o da aliada Espanha deveriam deixar Lisboa e a guerra seria declarada, se a *coroa* portuguesa não atendesse às exigências.

De Londres, o rei inglês Jorge III também respondera ao príncipe regente, aconselhando-o a transferir-se imediatamente para o Brasil, com toda a família real. Senhora dos mares e oceanos, sobretudo depois da vitória da Royal Navy sobre a frota franco-espanhola em Trafalgar, no Sul da Espanha, no Mediterrâneo, em outubro de 1805, a Inglaterra oferecia, inclusive, uma escolta de navios de guerra para acompanhar a família real na travessia do Oceano Atlântico, como de fato viria ocorrer dois meses depois. Nenhuma palavra do rei da Inglaterra, porém, sobre a adoção do bloqueio de "faz-de-conta" por Portugal.

A morosidade das comunicações na época seria o ingrediente decisivo para o desfecho da crise. Em 30 de setembro de 1807, o conselho aprovara finalmente a adesão de Portugal ao bloqueio continental, rejeitando, contudo, o ultimato francês de prisão e confisco dos bens dos ingleses. Tentando ganhar tempo, Dom João demorou três semanas para ratificar a decisão do conselho e o fez quando os embaixadores da França e de Espanha já haviam deixado Lisboa, como ordenara o imperador francês.

Porém, quando a notícia do decreto do príncipe regente chegou a Paris, Napoleão Bonaparte já havia desistido de uma solução negociada com Portugal. No dia 29 de outubro, o imperador ratificou o Tratado de Fontainebleau, pelo qual o território português seria invadido e dividido em três partes: Entre-Douro e Minho ficariam para a Etrúria; Alentejo e Algarves, para a Espanha; e Beira, Estremadura e Trás-os-Montes, para a França. A guerra estava declarada e os embaixadores portugueses, por sua vez, foram expulsos da capital francesa.

Ainda sem saber do tratado e que um exército de 25 mil soldados franceses atravessava a Espanha em marcha acelerada em direção à fronteira com Portugal, Dom João tentaria uma última jogada em cinco de novembro, assinando novo decreto, pelo qual todas as exigências de Bonaparte seriam atendidas. Mas era tarde demais: os boatos da invasão iminente já causavam alvoroço em Lisboa, sendo confirmados pelo príncipe regente quando recebeu um exemplar do diário francês "*Le Moniteur*" do dia 11, enviado pelo almirante da frota inglesa que bloqueava a foz do rio Tejo, Sidney Smith, e que dizia:

"*O príncipe regente de Portugal perde o seu trono; perde-o por causa das intrigas dos ingleses... Que faz, pois, a Inglaterra, essa aliada poderosa? Olha com indiferença o que passa em Portugal. Que fará quando Portugal for tomado? Irá apossar-se do Brasil? A queda da Casa de Bragança constituirá mais uma prova de ser inevitável a perda de todos quanto se unirem aos ingleses*".

Naquele trágico dia, 24 de novembro de 1807, o Conselho de Estado, reunido no Palácio D'Ajuda, curvou-se finalmente à inevitável transferência da família real para o Brasil. E assim cinco dias depois a frota portuguesa, com toda a família real e boa parte da *corte*, iniciava a longa viagem para a colônia brasileira, escoltada pelos navios de guerra ingleses. Dois dias depois, era a vez do exército francês, comandado pelo general Jean-Adoche Junot, entrar em Lisboa, tomando a capital lusa sem resistência.

Após uma travessia do Atlântico de 54 dias, Dom João chegaria à Baía de Todos os Santos em 22 de janeiro de 1808 e, seis dias depois, assinaria o célebre decreto de abertura dos portos brasileiros ao comércio com outras nações, sobretudo a Inglaterra. Pouco mais de um mês depois, o príncipe e a família real prosseguiriam a viagem de Salvador para o Rio de Janeiro, onde a *corte* portuguesa iria instalar-se enquanto a guerra perdurasse no Velho Mundo. E assim, em sete de março, os navios da frota real entraram na Baía de Guanabara, sendo recebidos em meio a grandes festejos da população.

Com a chegada da família real e da *corte*, toda a administração do outrora poderoso império português transferia-se para o Brasil. Ainda em março, Dom João indicaria os novos ministros da Marinha e Ultramar, do Real Erário, da Guerra e dos Negócios Estrangeiros, entre outros. Quase todos os órgãos da administração pública existentes em Lisboa seriam também instalados no Rio de Janeiro, criando-se posteriormente outros, como o arquivo militar, hospital, fábrica de pólvora e o Banco do Brasil. Nos trópicos, a transferência da família real daria então extraordinário impulso para o desenvolvimento de uma colônia que já contava, no início daquele século, com cerca de quatro milhões de habitantes.

Para o *ilustrado* Manoel Ferreira, não haveria momento mais oportuno do que aquele para assumir a Intendência Geral dos Diamantes. Ainda mais porque Dom Rodrigo de Souza Coutinho, seu protetor e amigo, caíra novamente nas graças do príncipe regente, sendo nomeado por ele titular do estratégico Ministério da Guerra e dos Negócios Estrangeiros.

N. 41.— BRAZIL.— Em 10 de outubro de 1808

Dá providencias sobre a administração diamantina e estabelecimento de uma fabrica de ferro em Minas Geraes.

O Principe Regente Nosso Senhor attendendo ao que Vm. representou, é servido ordenar: 1º que dos 120:000$000 com que por anno se suppre pela Real Fazenda ás despezas da extracção diamantina do Tijuco, se haja de applicar para o estabelecimento de uma fabrica de ferro, em que muito pode interessar a mesma real fazenda e o publico, a quantia de 10:000$000 no proximo anno de 1809, e nos dous seguintes annos a de 4:000$000 que ficarão á disposição de Vm., para as empregar, como melhor e mais util lhe parecer, fazendo-se comtudo pela Administração Diamantina a escripturação de todas as despezas, e do producto que houver, e devendo-se annualmente dar conta a sua Alteza Real pelo Real Erario do estado deste estabelecimento, para que se conheça o interesse que houve, sendo calculado o preço do ferro, que desta nova fabrica consumir a Administração Diamantina, pelo medio deduzido dos preços porque á mesma administração chegou o ferro nos tres proximos annos precedentes, e não pelo que se vender aos particulares ; 2º que os braços, que se tornarem inuteis, com o uso das machinas, que Vm. já tem introduzido nos serviços diamantinos, e das que mais introduzir, como é de esperar das suas luzes, zelo e actividade no real serviço, possam ser empregados pela administração nas lavras que forem mais ricas em ouro, do que em diamantes, quando se ache que o seu producto de ouro e diamantes, possa, pelo menos, pagar as despezas, praticando-se o mesmo com os que não tiverem emprego nos serviços diamantinos, e que se acham dentro da demarcação afim de se conservar em proveitosa actividade um sufficiente numero de braços a que se possa recorrer nos tempos em que a Administração Diamantina necessita acudir com força aos seus principaes trabalhos, dando-se conta separada do producto destas lavras; 3º que na escripturação da real extracção diamantina se compute o anno, do ultimo

Carta régia do príncipe regente Dom João de 1808, autorizou o Intendente Câmara a implantar uma fábrica de ferro na Comarca do Serro Frio, com recursos do orçamento do Distrito Diamantino. Fonte: Coleção de Leis do Brasil – Decisões de 1808/Arquivo Nacional

VII

FÁBRICA DE FERRO

As chuvas já eram torrenciais quando o desembargador Manoel Ferreira da Câmara, aos 43 anos, recebeu, no Arraial do Tijuco, o governo do Distrito Diamantino do intendente Antônio Modesto Mayer, em dezembro de 1807. Em razão das cheias dos rios, ribeirões e córregos, as lavras continuariam paradas até o início do período de estiagem, em fins de março, e esse era então o momento quando os intendentes contabilizavam os resultados da extração do ano e planejavam os serviços da próxima temporada.

Nos cofres da Casa da Intendência, situada no largo da matriz de Santo Antônio, o novo intendente Manoel Ferreira contabilizou 1.001 oitavas de diamantes, cerca de 18 mil quilates. E como era norma da Intendência, ele logo os despachou para o Rio de Janeiro, sob a proteção de uma escolta fortemente armada, a Conduta de Diamantes, que fazia o percurso todos os anos entre o Tijuco e o porto do Rio de Janeiro.

Já informado da chegada da família real ao Brasil, o novo intendente enviou também, junto com o cofre de diamantes, acondicionados em saquinhos de seda vermelha segundo a graduação de quilates, uma carta de saudação ao príncipe Dom João, datado no Tijuco no dia oito de fevereiro de 1808: *"Este país, Senhor, tem agora tudo, tendo a fortuna de possuir a V.A.R. Será doravante rico pela acumulação do trabalho; mas não podia sê-lo, porque tudo o que produzia era, quando muito, igual ao que consumia*", escreveu Manoel Ferreira, acrescentando que *"com a palavra de V.A.R. tudo se fará; e, sobretudo, se fabricará o ferro, que servindo a rasgar as entranhas da terra, nos armará contra os inimigos de V.A.R."*

Nesses primeiros meses, o novo intendente teria pela frente muitos desafios, sobretudo o de organizar o seu governo. Na condição de arraial, o Tijuco não contava com as estruturas político/administrativas próprias das vilas, com as suas câmaras formadas por "homens bons", e sequer tinha prerrogativas de uma paróquia. Por isso, além da extração de diamantes, a Intendência, que se subordinava diretamente à Diretoria Diamantina do Real Erário, em Lisboa, exercia também plenos poderes sobre o território e a sua população.

Cabia ao intendente, que acumulava as funções de ouvidor do Distrito Diamantino, controlar, por exemplo, todos moradores residentes e escravos; emitir ordens de prisão e expulsão; autorizar ou não a entrada na demarcação diamantina; definir o número de escravos a serem alugados para o trabalho nas lavras reais; combater o contrabando, punir e castigar moradores e escravos suspeitos; e regular a quantidade de lojas, vendas e tavernas, entre outras atribuições conferidas pelo *"Livro da Capa Verde"*.

Na Intendência, Manoel Ferreira contaria com o suporte de um fiscal, um tesoureiro e três caixas que comandariam com ele uma extensa rede de administradores, escrivães, guarda-letras, guarda-livros, meirinhos, feitores, oficiais mecânicos e demais empregados, além da tropa do Regimento de Dragões. Tratava-se, portanto, de uma administração politicamente complexa, visto que a maioria esmagadora das "seis mil almas" do Tijuco, como revelam estudos recentes, estava de alguma forma empregada na administração e/ou vivia da renda do aluguel de escravos.

E quanto maior fosse o cargo alcançado na hierarquia da administração diamantina, maior seria o plantel de escravos que o servidor aquinhoado poderia alugar para a Intendência, no limite de 50, permitido aos do topo, os administradores. Desse modo, em tempos de monopólio estatal da extração e comércio de diamantes, a acumulação de riquezas pela elite tijuquense dependia das "graças" do intendente, quando não do contrabando.

Não sendo as "graças" obtidas, recorria-se ao governador, ao vice-rei e até mesmo ao rei, como fizeram os irmãos Vieira Couto, cujo procurador enviado a Lisboa logrou o afastamento do intendente João Inácio. Nas artimanhas do poder, aliás, esses irmãos eram pródigos, ocupando cargos administrativos, fiscais e militares de destaque. Mas os Vieira Couto não teriam sido contemplados a contendo pelo Intendente Câmara nos seus arranjos de poder e acabariam liderando a oposição durante os 14 anos que esteve à frente da administração diamantina.

Seja como for, depois de organizar a Intendência conforme os seus interesses e retomar a extração de diamantes, ele seguiu para o Rio de Janeiro em meados de 1808, convocado pelo príncipe regente Dom João e pelo ministro Dom Rodrigo de Souza Coutinho. Entre reuniões e audiências no Paço Real – hoje Centro Cultural Paço Imperial -, na atual Praça XV, onde despachou com o príncipe e ministros e debateu planos para a modernização da extração de diamantes e a fabricação de ferro e pólvora, o Intendente Câmara pode testemunhar as rápidas transformações que a cidade de São Sebastião do Rio de Janeiro passava com a chegada de milhares de portugueses.

A paisagem imponente das montanhas de granito da Serra do Mar e da vegetação luxuriante da Mata Atlântica, emoldurando campanários de igrejas e edificações singelas, caiadas de branco, surpreendia a todos os viajantes estrangeiros que avistavam a bela cidade, ao navegar pela baia de Guanabara. Mas ao desembarcar na praia de areias brancas e percorrer as poucas e estreitas ruas e vielas, o encanto logo dava lugar ao desencanto, seja pela sujeira e a umidade ou pela falta de higiene dos moradores, registraram viajantes que chegavam ao Rio de Janeiro naquela época; impressão, aliás, deixadas por muitos também sobre Salvador.

Antes da chegada da família real, o Rio de Janeiro contava com pouco mais de 40 mil habitantes, mas a partir de março de 1808 teria curso um verdadeiro boom demográfico e urbano, de extraordinário impacto na arquitetura, no saneamento, na cultura, nas artes e nos costumes. Em junho, três meses após a cidade ser içada, da noite para o dia, a centro político do reino português, o comerciante inglês John Luccock já contabilizava cerca de 60 mil moradores, entre os quais 16 mil estrangeiros, como ele registrou no livro *"Notas sobre o Rio de Janeiro e partes de meridionais do Brasil"*, cuja primeira versão em português é de 1942. E até 1822 a população da capital cresceria 30%, enquanto que a de escravos africanos triplicou, saltando de 12 mil para 36 mil.

Depois dessa temporada no Rio de Janeiro, em setembro de 1808 o Intendente Câmara já estava de volta ao Tijuco, levando na bagagem grandes novidades: o príncipe regente Dom João acatara algumas de suas sugestões, como as que estabeleceriam a obrigação de circulação de moedas nas capitanias do interior, proibindo-se o uso de ouro em pó, e a transferência de Lisboa para o Rio da Diretoria Diamantina, fixando-se orçamento anual de 120:000$000 (120 contos de réis) para os serviços da Real Extração.

Mas a medida mais importante – pelo qual ele havia dedicado precioso tempo e estudos desde 1798, no retorno à Lisboa de sua viagem de pesquisas pela Europa -, era a que determinaria a construção da primeira fábrica de ferro do Brasil, sob sua responsabilidade. E assim, no dia dez de outubro de 1808, uma carta régia de Dom João autorizou o Intendente Câmara a deduzir do orçamento anual do distrito a quantia de 18 contos de réis para a implantação da fábrica:

"O Príncipe Regente Nosso Senhor attendendo ao que VM. representou, é servido a ordenar que: 1º que dos 120.000$000 com que por anno se suppre pela Real Fazenda as despesas da extração diamantina

do Tijuco, se hajja aplicar para o estabelecimento de uma fabrica de ferro, em que muito pode interessar a mesma real fazenda e o publico, a quantia de 10:000$000 no próximo anno de 1809, e nos dous seguintes annos a de 4:000$000 que ficarão à disposição de Vm., para as empregar, como melhor e mais util lhe parecer, fazendo-se comtudo pela Administração Diamantina a escripturação de todas as despesas, e do produto que houver, e devendo-se annualmente dar conta a Sua Real Alteza pelo Real Erário do estado deste estabelecimento (...)"[1]

Três séculos antes, a produção de ferro já mobilizava os esforços dos portugueses na nova colônia. O primeiro registro remonta a 1532, quando o donatário Martim Afonso de Souza chegou ao Brasil e fundou a Vila de São Vicente, no atual Estado de São Paulo, trazendo na sua comitiva o ferreiro Bartolomeu Fernandes. Durante dois anos, ele produziu facas, facões, enxadas, machados e anzóis, fixando-se na Vila de São Paulo após o término do contrato com Martim Afonso. Na região de Santo Amaro, o ferreiro teria construído a primeira forja artesanal para fabricação de ferro do Brasil, como relatam Osias Ribeiro Neves e Marina Mesquita no livro *"Aço Brasil: uma viagem pela indústria do aço"*, de 2013.

Em 1581, outra iniciativa pioneira teria curso na Serra de Araçoiaba, também em São Paulo, onde seria instalada, na segunda década do Século XIX, a Real Fábrica de São José do Ipanema, no atual município de Iperó. À procura de ouro na região de Sorocaba, o bandeirante Afonso Sardinha, que também era mestre na fusão de metais, encontrou minério de ferro na serra e, dois anos depois, ele e o filho construiriam ali duas pequenas forjas para o seu beneficiamento. O empreendimento, que é hoje apontado pela Associação Mundial de Produtores de Aço como o da primeira empresa siderúrgica do Brasil, teria funcionado até 1629.

---

1 "Coleção de Leis do Brasil", Decisões de 1808, N. 41. Biblioteca da Câmara dos Deputados.

Ao longo do Século XVIII, o ferro seria produzido em pequenas forjas domésticas pela colônia, sobretudo nas regiões mineradoras, para atender a crescente demanda de ferramentas para o trabalho nas lavras, e diversas técnicas seriam empregadas no beneficiamento do minério. Com a forja catalã, por exemplo, produzia-se uma massa pastosa de ferro e escória em um pequeno forno, onde ocorria a fusão do minério com o carvão vegetal, insuflada pelo ar lançado por foles de couro. Outra técnica, mais rudimentar, trazida da África pelos escravos e utilizada principalmente na fundição de ouro, era a da produção de ferro em cadinhos feitos de materiais resistentes ao fogo.

Naquele século, caberia ao governador da Capitania das Minas Gerais, Dom Rodrigo José de Meneses e Castro, apresentar uma das mais contundentes exposições de motivos em defesa da criação de indústrias de ferro no Brasil. Em carta ao primeiro-ministro Martinho de Mello e Castro, datada em Vila Rica no dia quatro de agosto de 1780, o governador pedia autorização para a fundação de uma fábrica de ferro, justificando que o empreendimento iria não apenas baratear o preço escorchante do produto importado, cuja arroba chegava a custar nas minas 7,5 mil réis, mas também prevenir o risco da falta de ferro, em caso de guerra entre as nações européias exportadoras.

Empenhado em revigorar a todo custo o pacto colonial, pelo qual às colônias cabia tão somente produzir e exportar matérias-primas para Portugal, o primeiro-ministro sequer considerou o pedido do governador mineiro. E ao contrário do pleiteado por ele, um alvará da rainha Dona Maria I, de cinco de janeiro de 1785, determinaria o fechamento imediato de quaisquer manufaturas existentes no Brasil, inclusive as pequenas forjas e fundições então em atividade nas Minas Gerais.

Na virada do século, as restrições à produção de ferro seriam relevadas pela *coroa*. Em carta régia de 19 de agosto de 1799, o príncipe Dom João, já na regência do trono português e estimulado pelo ministro Dom Rodrigo de Souza Coutinho, ordenou ao governador de São Paulo a instalação de uma fábrica de ferro na capitania. Porém, a ordem do príncipe não se cumpriu naquela época e apenas começaria a sair do papel após a sua chegada ao Brasil, primeiramente na Capitania das Minas Gerais, pelas mãos do Intendente Câmara.

Munido da autorização de Dom João, o "metalurgista de profissão" lapidado pelos conhecimentos adquiridos nas visitas às minas européias, bem como nos estudos sobre a sua administração, procurou encontrar na Comarca do Serro Frio um local que contasse não só com abundância de minério de ferro, mas também de fontes de energia – florestas para a produção de carvão vegetal – e de acesso facilitado aos principais centros consumidores. Entre Vila Rica e o Tijuco, nos caminhos da Estrada Real, Manoel Ferreira acabou se fixando no Morro do Gaspar Soares, localizado estrategicamente na região central da capitania.

No morro, cuja colonização remonta à corrida do ouro do início do Século XVIII, havia minério de ferro de qualidade, florestas e águas de tributários do rio Santo Antônio que, por sua vez, afluíam para o rio Doce, pelo qual seria possível então transportar o ferro e o aço para o litoral do Espírito Santo e de lá, pelo mar, para as capitanias litorâneas, sobretudo do Rio de Janeiro e da Bahia.

Além da localização privilegiada e da abundância de minério de ferro, o rico minerador e guarda-mor Sancho Bernardo de Heredia, morador do arraial – cuja igreja de Nossa Senhora do Pilar legou o nome da cidade, Morro do Pilar -, ofertava à *coroa*, sem custos, terras para o estabelecimento da fábrica e para a extração da madeira. E foi após considerar todas essas vantagens que o Intendente Câmara deu início às obras da fábrica no morro em cinco de abril de 1809, seis meses após a publicação da carta régia do príncipe.

Pelos seus estudos e experiências práticas nas minas e siderúrgicas européias, da Alemanha à Inglaterra, o intendente metalurgista elaborou com certeza um plano bem traçado para a construção das oficinas da fábrica e do alto-forno. Mas se de fato existiu, esse plano encontra-se ainda hoje perdido e as melhores descrições do empreendimento que chegaram aos dias atuais ficam por conta de naturalistas estrangeiros que passaram pelo Morro do Gaspar Soares no início do Século XIX, a caminho do Distrito Diamantino.

Até então vedado aos estrangeiros, o território brasileiro apenas começaria a ser visitado por estudiosos de Ciências Naturais após a chegada da família real em 1808. E o primeiro estrangeiro a receber autorização do príncipe regente para visitar a famosa demarcação diamantina foi um mineralogista e geólogo inglês, John Mawe, que residiu no Brasil entre 1807 e 1811. Seu livro, *"Viagens ao interior do Brasil"*, cuja primeira edição foi publicada em Londres, em 1812, ganhou imediata repercussão na Europa, sendo traduzido em vários idiomas – para o português, apenas em 1944.

Na viagem para o Tijuco, Mawe visitou o Morro do Pilar em fins de 1809 – ano em que o Intendente Câmara deu início às obras da fábrica – e surpreendeu-se com a riqueza das jazidas de minério de ferro à flor da terra. *"A montanha na qual está a casa, consiste quase inteiramente de ferro ficáceo. O muro construído diante da casa era dessa substância; em algumas partes observei com grande surpresa que o ferro formava camadas regulares, de uma polegada[2] de espessura, alternando com camadas de areia branca. Encontra-se tanto minério de ferro nesse distrito que o governo pensou em estabelecer aí uma fundição"*, registrou o inglês em seu livro, assinalando, porém, que os trabalhos corriam lentamente e *"provavelmente não chegarão nunca a uma perfeição"*.

Já o botânico e naturalista francês Auguste de Saint-Hilaire, que viajou pelo Brasil entre 1816 e 1821, deixaria uma descrição detalhada do empreendimento da Real Fábrica de Ferro do Morro do Gaspar

---

2   Unidade de medida equivalente a 2,75 cms.

Soares. Em *"Viagens pelas províncias do Rio de Janeiro e Minas Gerais"*, publicado originalmente na França em 1830 e em português em 1938, Saint-Hilaire, que visitou o morro no início de 1817, anotou que o complexo da fábrica era constituído do alto-forno, construído *"no plano dos da Alemanha"*, com 28 pés de altura (8,5 metros) e capacidade de 30 quintais (1,8 mil quilos de minério de ferro); do edifício do alto-forno e suas oficinas; de três forjas catalãs; de dois tanques-reservatório, um calçado e com largura de 360 metros, e o outro menor; de um canal, pelo qual as águas dos tanques fluíam para a fábrica; e de um moinho, movido pelas águas que serviriam às forjas.

"O edifício em que está o alto-forno não tem mais do que 84 pés (28,5 metros) de comprimento; e sua escassa extensão acresce uma altura bastante medíocre, e o ar penetra aí senão por duas portas e algumas aberturas circulares abertas nas paredes. É fácil sentir como, sob os trópicos, o calor devia ser insuportável aos operários em local tão acanhado", observou o naturalista francês, acrescentando que outro problema grave era a falta de água: *"não se forjara mais de dois mil quintais de ferro e logo foi se obrigado a interromper o trabalho, não só porque a água era insuficiente, como também, porque se reconheceu que as pedras do país não podiam resistir à altíssima temperatura da forja. Desse modo esse alto-forno, de tão dispendiosa construção, tornou-se inútil"*.

Contudo, Saint-Hilaire impressionou-se com a engenhosa solução que o Intendente Câmara encontrara para a escassez de água no período da seca. *"O intendente teve a idéia extremamente feliz de fazer um canal, que, largo de dez palmos, devia medir meia légua de comprimento, e que, recebendo as águas do regato (ribeirão do Picão) em sua nascente, poderia em todas as estações por as forjas em movimento"*. Como o canal atravessava montanhas de ferro, por ele o intendente planejava transportar também, em pequenas canoas, o minério de ferro quebrado, a ser fundido nas forjas, e o carvão, reportou admirado o botânico francês.

Como Mawe e Saint-Hilaire, os bávaros Johaan Baptist Von Spix e Carl Von Martius passaram pelo Morro do Gaspar Soares a caminho do Tijuco, legando um relato vívido do empreendimento em *"Viagem pelo Brasil – 1817-1820"*, livro publicado pela primeira vez na Áustria em 1826 e no Brasil em 1938. Spix e Martius integravam o séquito da princesa Leopodina, que se casaria no Rio de Janeiro com o futuro imperador Dom Pedro I, e estiveram no morro um ano depois de Saint-Hilaire, em 1818, descrevendo a fábrica e os problemas enfrentados pela carência de pedras refratárias:

"Os fornos, o moinho de pilões, os armazéns, as habitações do mestre-fundidor e dos operários estão montados amplamente e teriam custado uns 200.000 cruzados (cerca de 80 contos de réis). Para forrar os fornos, mandou-se vir grés (rochas refratárias resistentes a altas temperaturas) de Newcastle, na Inglaterra, pois o xisto quartzítico do país torna-se facilmente friável ao fogo. Não encontramos o mestre-fundidor, um alemão,[3] que não estava presente. Havia justamente partido para Vila Rica, e, por esse motivo, não funcionava a fábrica. De fato, já desde alguns anos o alto-forno não trabalha, por estarem à espera de diversos fundidores da Alemanha. Provisoriamente, produzem ambas as refinações o ferro necessário para o uso das vizinhanças e do Distrito Diamantino", relataram os bávaros.

Quanto à abundância e à qualidade do minério de ferro do Morro do Gaspar Soares, Spix e Martius não esconderam também o deslumbramento. *"É tão excelente e está em tal quantidade à mão que seria suficiente para abastecer, durante séculos, o Brasil"*.

---

3   João Schönewolf.

Com a volta dos pais para a Bahia, Manuel Ferreira da Câmara viveu a sua adolescência na casa da tia Maria Isabel em Caeté. Foto: Fernando Piancastelli

Na certidão de nascimento guardada em Coimbra, consta Caeté como local de nascimento de Manuel Ferreira da Câmara, mas ele nasceu em Itacambira, no Norte de Minas. Fonte: Arquivo da Universidade de Coimbra

Em 1788, Manuel Ferreira da Câmara recebeu o diploma da Universidade de Coimbra. Fonte: Arquivo da Universidade de Coimbra

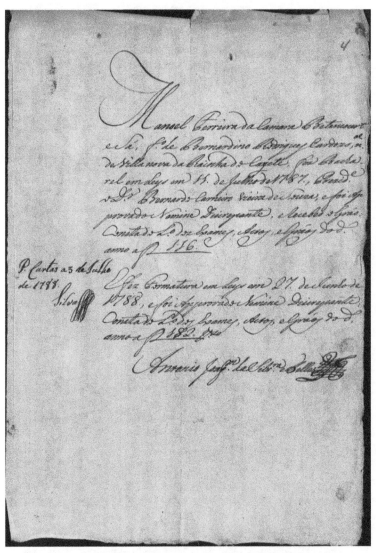

Manuscrito da carta de conclusão do curso da Faculdade de Leis. Fonte: Arquivo Universidade de Coimbra

Apelidado de "A Cabra", o relógio da torre marcava os compassos do dia-a-dia dos estudantes da Universidade de Coimbra. Foto: autor

Destruída pelo terremoto em 1755, a praça do Rossio, no centro histórico de Lisboa, já havia sido reconstruída quando Manuel Ferreira da Câmara morou na cidade no final do Século XVIII. Foto: autor

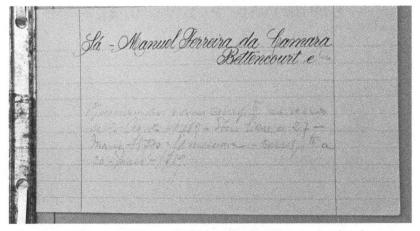

Em 1789, Manuel Ferreira da Câmara foi admitido como membro da Academia Real de Ciências de Lisboa. Fonte: Arquivo da Academia

O
𝔍𝔫𝔟𝔢𝔰𝔱𝔦𝔤𝔞𝔡𝔬𝔯 𝔓𝔬𝔯𝔱𝔲𝔤𝔲𝔢𝔷

EM

INGLATERRA,

OU

JORNAL

LITERARIO, POLITICO, &c.

VOL. XVII.

Condo et compono, que mox depromere possim.—HOR.

LONDRES:

IMPRESSO POR T. C. HANSARD,
Na Officina Portugueza,
Peterborough-court, Fleet-street.

1 816.

Literatura Portugueza. 143

PRIMEIRA FABRICA DE FERRO NO REINO DO BRAZIL.

Breve Relaçaõ dos Regozijos Publicos, que houveraõ lugar em Tejuco, por occasiaõ do recebimento da primeira Remessa de Ferro, que lhe foi enviada pela Real Fabrica do Morro do Pilar, de que hé Fundador, e Director o Dezembargador Manoel Ferreira da Camara de Bethencourt e Sá, Intendente Geral das Minas e Diamantes; escrita por um Amigo do Bem-Publico.

It has been observed with ingenuity, and not without truth, that the command of iron soon gives a nation the command of gold.

" Consta por observaçoẽns, naõ menos engenhosas, que verda-
" deiras, que a possessaõ do ferro dá bem depressa a naçaõ, que
" o possue, a do oiro."—*Gibbon, Hist. of the Decline and Fall of the Rom. Emp. vol.* 1, *pag.* 257. *Lond.* 1809.

O Morro do Pilar, uma grande montanha, toda ella quasi uma pinha de variadas minas de ferro; eleva-se sobre a estrada publica, que de Tejuco segue para a capital Villa-Rica, e pouco mais ou menos de vinte cinco legoas desviado, e ao sul d'aquelle arraial. Em tempos átráz foi este monte assento de ricas lavras de oiro, que hoje havendo descahido da sua primeira prosperidade, o que ordinariamente acontece, já naõ offerece á vista do viandante mais que grandes esbarrancados, e accumulaçaõ de pedras arrancadas, negras umas, outras vermelhas, e tudo ferro. Uma pequena povoaçaõ, que se estende á meia lombada do mesmo monte, tambem se mostra toda em ruinas, e taõ decadente, como as suas lavras, que outrahora lhe deraõ nascimento e alma.

Como houvesse recebido o Dezembargador Intendente dos Diamantes ordem superior, para erigir uma fundiçaõ de ferro na Capitania de Minas Geraes; hé sobre esta montanha, que elle a estabeleceo; naõ já tanto porque abundava n'estes mineraes, ou áliaz era toda uma só peça de ferro; como porque offerecia outras muitas commodidades, quaes grandes matas ainda nos seos arredores, espaçosas campinas de ricas

218 *Reflexoens, &c.*

terminação da escravatura Christam, S. A. o Dey de Argel, em sinal de seo sincero dezejo de manter inviolavelmente as suas relaçoens amigaveis com a Gram Bretanha, e de manifestar a sua dispozição amigavel e seo profundo respeito para com as Potencias da Europa declara que—nenhum prizioneiro será posto em escravidão, mas sim serão todos tratados com muita humanidade, como prizioneiros de guerra, até serem regularmente trocados segundo a practica Europea em semilhantes cazos; e que, terminadas as hostilidades, serão restituidos aos seos respectivos paizes sem resgate. Assim por esta se renuncia formalmente, e para sempre, a practica de condemnar a escravidão os prizioneiros Christaons.

Dada em duplicata na belicozá cidade de Argel na prezença do Todo Poderozo, aos 28 dias de Agosto, no anno de Jesus Christo 1816; e no anno da Hegira 1231, no 6º dia da Lua de Shavat.

(Selo do Dey)
(Assignado) Exmouth. (L. S.)
Almirante e Commandante em Chefe.
(Assignado) H. M'Douel. (L. S.)
Por ordem do Almirante,
(Assignado) Jos. Grimes, Secretario.

REFLEXOENS SOBRE ALGUNS ARTIGOS DESTE NUMERO.

" Vitam impendere veró, et reipublicæ patriæ."

(" Empregaremos a vida em defender a verdade, nosso Rey, e nossa Patria.")

Minas de Ferro no Brazil.

A reflexão de Gibbon quando diz—" que a posse do ferro traz bem de pressa comsigo a posse do oiro" hé com effeito muito verdadeira; e nimguem melhor do que este celebre historiador Inglez podia asseverar esta importante verdade, pois que na mesma terra em

---

Impresso em Londres, o jornal "Investigador Português em Inglaterra" reportou minuciosamente, em sua edição de novembro de 1816, as festas realizadas no Arraial do Tijuco para comemorar a chegada do primeiro carregamento de ferro produzido no alto-forno da Real Fábrica do Morro do Gaspar Soares no ano anterior.

Da Real Fábrica de Ferro do Morro do Gaspar Soares, restaram apenas ruínas de paredes. Créditos: Fernando Piancastelli

Vila do Príncipe, atual cidade do Serro, foi a cabeça da Comarca do Serro Frio, onde a coroa portuguesa instituiria o Distrito Diamantino a partir de 1734.
Foto: Paula Huven

A casa do Intendente Câmara situava-se na atual rua da Glória, em Diamantina. A edificação à direita apenas seria ligada ao antigo palacete pelo passadiço em meados do Século XIX. Foto: Bueno do Prado

Variante da Estrada Real que ligava o Tijuco ao rio Jequitinhonha, o Caminho dos Escravos foi calçado nos tempos do Intendente Câmara. Foto: Fernando Piancastelli

Construída a partir de 1809 no Morro do Gaspar Soares, hoje cidade de Morro do Pilar, a Real Fábrica seria a primeira a produzir ferro em alto-forno no Brasil em outubro de 1815. Foto: Fernando Piancastelli

VIII

CORRIDA DO FERRO

Sob os compassos dos trópicos, a *coroa* portuguesa procurava agora recuperar o tempo perdido com as restrições às atividades comerciais e industriais que imperaram durante a vigência do pacto colonial. E para fomentar o rápido desenvolvimento da colônia, o ministro da Guerra e dos Negócios Estrangeiros, Dom Rodrigo de Souza Coutinho, tirava do papel, uma a uma, as propostas do célebre projeto que apresentara em 1798, ao assumir, pela primeira vez, a condução da política colonial.

Diretamente do seu gabinete no Paço Real no Rio de Janeiro, Dom Rodrigo de Souza mandava abrir estradas, ampliar a navegação fluvial, reforçar as defesas estratégicas do território brasileiro e modernizar a produção de açúcar, para enfrentar a concorrência do ouro branco das Antilhas. Mas a sua obsessão maior continuava a ser mesmo a mineração e a indústria, sobretudo a produção de ferro e pólvora, como revela na primeira carta que enviou ao Intendente Câmara em 23 de março de 1808, 16 dias após desembarcar na capital:

"*Tendo S.A.R. o Príncipe Regente N. S. proposto de estabelecer aqui uma grande fábrica de pólvora; e sendo o principal ingrediente da mesma o salitre, de que consta felizmente em tôda a Capitania de Minas Gerais se tira grande quantidade. É S.A.R. servido que Vmcê, desde logo, como seu conhecido zêlo, e superiores luzes, procure ver se pode com-*

prar e fazer remeter por conta da Real Fazenda (...) Igualmente manda S.A.R. remeter a Vmcê a petição inclusa, tão justa como importante, a respeito do estabelecimento de alguma grande fábrica de ferro."

Iniciadas as obras da Real Fábrica de Ferro no Morro do Gaspar Soares em 1809, a *coroa* logo investiria em outros empreendimentos siderúrgicos. Por carta régia de 1810, o regente do trono Dom João determinou a implantação da Real Fábrica de São João de Ipanema no morro do Araçoiaba, região de Sorocaba, mas o modelo tecnológico a ser adotado na siderúrgica paulista logo colocaria em campos opostos dois especialistas estrangeiros contratados pela *coroa*.

O engenheiro alemão Frederico Luís Guilherme Varnhagen, que chegara ao Brasil em 1809, defendia a implantação de altos-fornos, segundo modelo tecnológico desenvolvido no seu país, enquanto que o empresário sueco Carl Gustav Hedberg a construção de fornos baixos para a redução do minério de ferro, como os usados na Suécia. Na disputa de projetos, Hedberg – que chegara ao Brasil em 1810 acompanhado de uma equipe de 14 técnicos suecos – acabou levando a melhor e permaneceria à frente do empreendimento paulista até fins de 1814, quando foi demitido e substituído por Varnhagen.

Em São Julião, atual distrito ouro-pretano de Miguel Burnie, outro engenheiro alemão, Guilherme d'Eschwege, iniciaria a implantação da fábrica A Patriótica em dezembro de 1811. Mas ao contrário do Intendente Câmara ou de Varnhagen, Eschwege, que, convidado por José Bonifácio de Andrada, estava a serviço da *coroa* portuguesa desde 1803, projetou uma usina de menores proporções, com *"quatro fornos pequenos, duas forjas de ferro e um engenho de socar, instalados num único edifício. O malho, com os respectivos cabos, bigornas e aspas, foi importado da Inglaterra e doado gratuitamente pelo governo à fábrica"*, registra o dossiê de tombamento de seus remanescentes[1] como patrimônio nacional pelo IPHAN em 1938.

Empreendida por uma sociedade de investidores privados, entre os quais o engenheiro alemão, que viera para o Brasil em 1810, e o governador das Minas Gerais, Francisco de Assis Mascarenhas, que governou a capitania de 1810 a 1814, a fábrica A Patriótica tinha capacidade máxima de produção de quatro mil arrobas/ano e voltava-se para o abastecimento, sobretudo de pregos e ferraduras, da região da Comarca de Vila Rica. Dos seus fornos baixos, que consumiram investimentos da ordem de 5,2 contos de réis, sem contabilizar as doações feitas pela *coroa*, jorrou ferro pela primeira vez em 12 de dezembro de 1812.

Logo após o êxito de Eschwege em São Julião teriam vez os preparativos para a primeira corrida do ferro na fábrica do Morro de Gaspar Soares, com o aquecimento do seu alto-forno. O relato é da lavra do próprio Intendente Câmara: *"já estavamos no fim de Novembro, tempo em que enchi o forno de carvão para principiar o aquecimento, que começou a 29 e durou até 13 de Dezembro; ensaiando, porém, então novamente os foles quebraram aqueles cabos, como se fossem cordas de viola".*

Sem dispor de ferro, ele improvisaria cabos e correntes com *"cavilhas de navios velhos e retalhos de carro de toda qualidade"* que comprara de um tropeiro que passava por Morro do Pilar. Substituídos os cabos de couro por correntes de ferro, em 20 de janeiro de 1813 o minério foi então lançado no alto-forno e, sete dias depois, o ferro líquido chegava ao algaraviz – a abertura na parte inferior por onde o ar é soprado pelos foles. No entanto, o cadinho pelo qual o ferro verteria não estava aquecido à temperatura adequada e o produto logo endureceu, junto com a escória.

"Vinte e oito horas trabalhei sem cessar, até que para não por o forno em perigo, que eu conhecia muito bem, devi parar. Não descan-

---

1 As ruínas de A Patriótica estão localizadas na Mina da Fábrica, em área pertencente à mineradora Vale.

sei ainda; no dia seguinte foi preciso abrir o forno e para assim dizer anatomizá-lo e então me convenci de que a não ter sucedido o desastre das cadeias, nós todos ignorantes do ofício e sem prática, teríamos feito a primeira fundição, magistralmente", relatou o intendente ao ministro e presidente do Real Erário, Dom Fernando José de Portugal e Castro, em carta transcrita por Geraldo Dutra de Morais no livro *"História de Conceição do Mato Dentro"*, publicado em 1942.

Ex-governador da Bahia e vice-rei do Brasil entre 1801 e 1806, Dom Fernando tornara-se interlocutor do intendente na *corte* no Rio de Janeiro, após a morte prematura do seu padrinho, Dom Rodrigo de Souza Coutinho, aos 56 anos, em janeiro de 1812. No passado, Dom Fernando e o seu protetor haviam colecionado atritos, como na repressão à Revolta dos Alfaiates em Salvador, quando o então governador excluiu os *"senhores principais"* da devassa ordenada pelo ministro Dom Rodrigo. Como vice-rei, Dom Fernando não acatara também a segunda ordem régia, de nomeação de Manoel Ferreira como Intendente Geral das Minas em 1803.

Porém, parece que as diferenças haviam ficado no passado, pois Dom Fernando não só recebeu compreensivamente a notícia do fracasso da primeira tentativa de corrida de ferro no Morro do Pilar, quanto procurou atender o principal pedido do afilhado do adversário falecido, que era a designação de mestres-fundidores para o alto-forno. Em carta ao governador Francisco de Assis, datada do dia 29 de março de 1813, o presidente do Real Erário comunicava: *"é S.A.R. servido ordenar que V. Ex. faça partir para a Real Fábrica de Ferro do Morro do Gaspar Soares o sobredito mineiro João Schönewolf, logo que a sua assistência na fábrica de ferro de Congonhas (São Julião) não seja indispensável, conservando-se este fundidor às ordens do desembargador Intendente dos Diamantes".*

Devido à relutância tanto de Eschwege quanto do governador mineiro, ambos sócios na fábrica onde o alemão Schönewolf chefiava a fundição, a ordem real apenas seria cumprida seis meses depois. Antes de sua chegada ao Morro do Pilar em setembro de 1813, o intendente ensaiara pelo menos duas[2] tentativas de produção do ferro no alto-forno e é da lavra do mestre fundidor alemão o relato de uma terceira campanha, ocorrida em julho e agosto de 1814, mas que ele afirma ser a primeira, detalhando-a em um relatório enviado ao patrício Eschwege.

No relatório, que seria transcrito pelo engenheiro no seu livro *"Pluto Brasilienses"*, Schönewolf informa que o aquecimento teve início em seis de julho de 1814, enchendo-se o alto-forno com *"36 medidas de carvão e tapados os algaravizes com duas pedras"*. Todos os dias lançavam-se novas cargas de carvão e o aquecimento prolongou-se até três de agosto, quando ao *"meio-dia"* foram introduzidos os primeiros minérios ferríferos.

Nos dias seguintes, cargas de minério seriam novamente introduzidas no alto-forno, quando, no dia 16, *"soltou-se o ar"* dos foles, e até 18 *"precisou-se trabalhar com mais ardor e mais esforço, como sempre acontece nos inícios de uma fundição"*. Na *"44ª carga"*, continua o mestre-fundidor, teve início o descarregamento do ferro fundido no alto-forno, mas *"aí as correntes dos aparelhos soprantes arrebentaram"* 28 vezes.

Como a temperatura não era ainda a adequada e tendo sido a descarga feita prematuramente, o ferro líquido que verteu do alto-forno não foi suficiente para encher o cadinho e começou a endurecer. Diante disso, *"o espeto estava sempre em serviço, e com auxílio de tanta gente inepta, tanto isso como o grande calor que me fatigaram, que depois da 9ª corrida (de ferro) perdi umas quatro garrafas de sangue pelos intestinos, e não mais pude trabalhar"*.

---

2   Em carta ao Intendente Câmara em nove de janeiro de 1814, o presidente do Real Erário, Dom Fernando, felicita-o, em nome do príncipe regente, inclusive, pelo "feliz resultado da sua terceira tentativa de fundição do ferro na Fábrica do Morro, os embaraços, e dificuldades, que tem encontrado, e sabido vencer, e as providências dadas para tornar a principiar na próxima estação seca a fundição do ferro".

Mesmo sem o mestre-fundidor, o intendente continuou os trabalhos à frente de 34 fundidores, ferreiros, carpinteiros, oleiros e ajudantes até 22 de agosto, mas *"a matéria em fusão estava tão grossa que somente oito dias depois pude retirá-la fria do forno com grandes trabalhos"*. Irritado com o malogro dessa campanha, o intendente, que sempre tinha em roda *"16 pessoas distintas"*, inclusive padres, que, *"segundo a moda portuguesa, davam cada um seu conselho, atrapalhando o serviço"*, teria voltado para o Tijuco, entregando a direção dos serviços ao seu irmão, capitão Francisco de Paula Cardoso Câmara, *"um homem que nunca tinha visto uma usina de fundição de ferro"*, ironizou Schönewolf.

No relatório reproduzido por Eschwege, o mestre-fundidor admitiria, porém, que a corrida de ferro não fora totalmente improdutiva. *"Durante esta fundição gastaram-se 60 carros de carvão e produziram-se mais ou menos 300 arrobas de ferro; inclusive modelagem (fundição) de uma safra de martelo, uma bigorna para a forja e uma roda para a galga; os restantes eram simples quinquilharias"*, registrou o alemão.

Sem querer, Schönewolf deixava assim registrado o sucesso, embora parcial, de uma das primeiras corridas de ferro líquido em alto-forno no Brasil, realizada precisamente na fábrica do Morro do Pilar. Apesar das "300 arrobas" produzidas no alto-forno, ele relevaria os resultados obtidos e, sempre crítico e sarcástico, desdenharia também, em um novo relatório enviado a Eschwege em 1815, a comemoração dos moradores do Tijuco pela chegada das primeiras barras de ferro produzidas na fábrica em 15 de outubro daquele ano.

"Voltou o Sr. Câmara para o Tijuco, depois de haver demorado aqui alguns meses, com 36 homens a cavalo e três carros de boi carregados com 180 arrobas de ferro", ele lembrou no relatório remetido a Eschwege, descrevendo em seguida as festas realizadas no arraial durante três dias com a chegada da comitiva do ferro. *"Pena é que ninguém imaginasse quanto dinheiro custavam esses louvores e as 180 arrobas de ferro"*, lamentou o mestre em fundição.

Eschwege não deixou por menos e acrescentaria o seu comentário ao relatório do mestre-fundidor: *"pomposa descrição da festa apareceu não só nos jornais do Rio de Janeiro, como também em seguida, no jornal O Investigador Português em Londres (...) O autor desse artigo designou a forja A Primeira Fábrica de Ferro no Brasil, e disse que o fundador da mesma merecia a máxima glorificação (...)Se esse fosse realmente o caso, não seria Câmara quem mereceria a glória e sim eu, pois a minha fábrica foi a primeira e já trabalhava havia dois anos"*.

Vinte e um anos depois de Eschwege, era a vez da paternidade pela primeira corrida de ferro em escala industrial no Brasil ser reivindicada para a Real Fábrica de São João de Ipanema e o engenheiro Luís Guilherme Varnhagen. Na monumental obra *"História Geral do Brasil"*, cujo primeiro volume seria lançado em 1854, o filho do engenheiro alemão, Francisco Adolfo de Varnhagen, militar, diplomata e historiador, crava o dia 1º de novembro de 1818 como o da primeira corrida de ferro em alto-forno no Brasil, na fábrica em que o seu pai o construíra após a demissão do sueco Hedberg. No livro, o historiador nascido no Brasil colocaria em dúvida, inclusive, se a empresa do Morro do Gaspar Soares verteu ferro líquido algum dia:

"Neste último (Morro do Pilar) intentou o intendente do distrito diamantino a construção de um forno alto, porém sem êxito; pois, quando passou a ensaiar a primeira produção, encontrou derretida junto ao algaraviz uma pouca de massuca (pedaço de ferro não purificado), que foi daí tirada a custo com alavancas, e, depois de convertida em barras, levada em trunfo aparatoso, a fim de com o alarde tratar por ventura de desculpar os excessivos gastos feitos, sem proveito real".

Aliás, a suspeita de que a fábrica era uma quimera ecoava a boca pequena no próprio Tijuco, desde que o empreendimento do Morro do Pilar começara a ganhar corpo na década de 1810. Em manuscritos e artigos apócrifos, mas atribuídos por Joaquim Felício dos Santos em *"Memórias do Distrito Diamantino"* à pena ferina de José Vieira Couto, velho desafeto do intendente, as críticas iam dos custos elevados da fábrica de Morro do Pilar às dificuldades de abastecimento de água no local escolhido, denominando-se o empreendimento, sarcasticamente, de "fábula do ferro".

Insatisfeitos com os rumos da administração diamantina, sobretudo a modernização da mineração, que reduzira o "plantel" de escravos alugados, e com a canalização de recursos destinados à Real Extração para a fábrica de ferro, senhores principais da elite tijuquense intrigavam cada vez mais o intendente, no arraial, em Vila Rica e na *corte*. E à "quimera" do ferro acrescentavam a crítica ao estilo autoritário de governar do intendente, sumário e pouco aberto às contestações, ironizando um de seus despachos, ao indeferir um pedido: *"advirto ao suplicante que se tornar a apontar-me Leis, hei de apontar-lhe léguas";* ou seja, a expulsão da demarcação diamantina.

Apesar das intrigas, o Intendente Câmara prosseguia na implantação da fábrica, respaldado pela *coroa*, e construiu mais três fornos baixos, paiol de carvão, reservatórios de águas, canais e moinho. Em três de janeiro de 1816, o presidente do Real Erário informava-o que o regente Dom João determinara a importação de pedras refratárias da Inglaterra, para substituir as extraídas no atual município de Congonhas do Norte, utilizadas nas paredes do alto-forno e que não resistiam às altas temperaturas. Segundo Dom Fernando, o regente ordenara ainda a contratação na Europa, *"sem perda de tempo"*, de mestres e oficiais mecânicos especializados nos trabalhos em alto-forno e a abertura de uma estrada de carro até o rio Doce, *"por onde se reconhecer o melhor caminho para ser transportado o ferro até a borda d'água".*

Quando Spix e Martius visitaram a fábrica em 1818, os três fornos baixos estavam prontos, mas o alto-forno estava parado, aguardando a chegada das pedras refratárias e dos fundidores estrangeiros. De acordo com Eschwege, o *gneiss* inglês – uma rocha metafórmica resistente ao calor – foi de fato importado, a preços *"fabulosos"*, de

Newcastle, e chegou ao Rio de Janeiro, mas não teria sido transportado para o Morro do Pilar devido ao elevado peso da carga.

Apenas em 1820, dois fundidores prussianos, o mestre Hermano Utsch e seu filho, oficial mecânico João Henrique Utsch, chegariam ao Morro do Pilar. Durante 11 anos, portanto, o intendente, "metalurgista de profissão", teve de se desdobrar entre as incumbências da administração diamantina e os trabalhos, em todas as frentes, de implantação da fábrica, onde foi, ao mesmo tempo, projetista, engenheiro, pedreiro, oleiro, químico, fundidor e ferreiro. No morro, apenas a partir de 1813 a sua labuta em todas essas frentes seria parcialmente compensada com a chegada do não tão leal subordinado mestre-fundidor Schönewolf.

Para frustração do *ilustrado* Manoel Ferreira, a estrada de Morro do Pilar até as margens do rio Doce, prometida pelo regente, não passaria da picada que mandara abrir. Embora Dom João tivesse determinado que ela fosse implantada pelo governo da capitania, com recursos da Real Fazenda, o intendente deslocara do Tijuco feitores e mais de cem escravos para a abertura da picada da futura via, pela qual ele projetara o tráfego de dois carros de boi emparelhados. Em 1819, porém, o governador Dom Manoel Zacarias de Portugal e Castro, comunicou-o, laconicamente, que os cofres da capitania estavam vazios e que não poderia construí-la.

Muito longe de ser uma "fábula do ferro", como acusavam os críticos, a fábrica implantada pelo intendente contabilizaria resultados concretos a partir da corrida de ferro de 1815. No manuscrito *"Conta do Ferro que tem produzido a Real Fábrica do Morro do Pilar e saída do mesmo"*, que está sob a guarda da Biblioteca Nacional e foi transcrito por Marcos Carneiro de Mendonça em sua biografia do Intendente Câmara, a produção da fábrica entre 1815 e 1820 teria sido da ordem de 5.819 arrobas de ferro, das quais 4.015 destinadas aos serviços da Real Extração no Distrito Diamantino.

Acrescentando o ano de 1821, Eschwege contabilizaria a produção total de 6.865 arrobas, que renderam 13,7 contos de réis, considerando que o preço de venda tabelado era de dois mil réis por arroba. No entanto, enfatizou o engenheiro alemão em *"Pluto Brasiliensis"*, as despesas com o administrador, mestre de moinhos, feitores, fundidor, ferreiro, carpinteiros, oficiais e aprendizes do forno e do martelo, carvoeiros e escravos foram de 7, 1 contos/ano – 44,2 contos de réis entre 1815/1821. Ou seja, entre receitas e despesas, uma *"perda na indústria do ferro"* de 30,5 contos no período, anotou Eschwege.

Não fosse o *dumping* contra o produto importado, que chegava às minas ao preço de 7,5 mil réis a arroba antes da fabricação do ferro brasileiro, o empreendimento do Morro do Pilar teria sido até lucrativo, como se deduz dos cálculos do próprio engenheiro alemão. Afinal, se o custo médio da arroba de ferro produzido na fábrica fora de 6,4 mil réis, como Eschwege estimou em seu livro, uma margem de lucro de 5%, por exemplo, garantiria mínima rentabilidade ao negócio, sem chegar ao preço de importação do ferro europeu.

Mas mesmo mantendo-se a venda do produto nacional a dois mil réis, o capitão Francisco de Paula Câmara, que substituíra o irmão na direção da fábrica após a sua saída da Intendência dos Diamantes, acreditava que ela poderia prosperar lucrativamente. Nomeado por Dom Pedro, pelos *"conhecimentos que possui de mineralogia"*, como administrador da agora chamada Fábrica Nacional do Morro do Pilar, Francisco de Paula informava, em documento de 19 de outubro de 1822, transcrito por Geraldo Dutra de Morais em *"História de Conceição do Mato Dentro"*, que a fábrica já havia produzido naquele ano 8.905 arrobas de ferro no *"alto-forno e nos pequenos"*; o que indica que o problema com pedras refratárias estava finalmente resolvido.

De acordo com o administrador, *"as vantagens para o futuro são todas dependentes do funcionamento do alto-forno o que suposto, 60 jornaleiros (operários) farão a segurança necessária para fazer tra-*

balhar o alto-forno, as oficinas de refinação e moldação e então é de se presumir que, vendido o ferro puxado a 2$000 e as obras moldadas pelos seus respectivos preços, não só dará para a despesa anual, como prosperará". Para tanto, ele defendia que a fábrica pudesse contar com escravos próprios treinados para o trabalho no alto-forno, a exemplo do que ocorria em São João de Ipanema, já que os homens forros empregados *"eram inconstantes no serviço"* e a fábrica encontrava-se *"depauperada de braços".*

Contudo, Francisco de Paula não ficaria por muito tempo à frente do empreendimento, sendo a sua direção improvisada nas mãos do prussiano Hermano Utsch a partir da sua saída. Em 1825, a fábrica continuava enfrentando dificuldades, sobretudo financeiras, e para o seu socorro foram destinados os impostos arrecadados com os correios do Tijuco. Como os problemas prosseguiram, o rico minerador Sancho Bernardo de Heredia, que doara os terrenos para a implantação da fábrica, apresentou em 1828 um plano detalhado para a sua reorganização, mas que também não saiu do papel.

Dois anos depois, em 1830, os Utsch não tiveram interesse em renovar o contrato e a fábrica do Morro do Pilar entrou em decadência até que, em quatro de dezembro de 1831, suas propriedades foram catalogadas para leilão. Com a venda de *"uma casa de pedra e taipa destinada para o carvão, uma casa toda de pedra, com o alto-forno, foles e roda, uma casa de pedra do martelo grande, com três fornalhas de fundir e duas de esfriar, uma casa com moinho e destinada para a residência do administrador e servindo de armazém, um rêgo que conduz água para a fábrica na extensão de meia légua, setenta cabeças de boi para carro, uma sesmaria de terra sita no lugar denominado paiol ou Congonhas doada à fábrica pelo falecido capitão-mor Bernardo de Heredia e uma porção de terra adquiridas pela fábrica a Manuel da Silva Maia, no lugar denominado Fernandes"*, o governo imperial esperava arrecadar 10,39 contos de réis.

Como no Morro Pilar, os empreendimentos do primeiro grande projeto siderúrgico de beneficiamento do minério de ferro brasileiro, concebido no alvorecer do Século XIX, teriam também final melancólico em Ouro Preto e em Iperó. Os fornos baixos de A Patriótica deixaram de produzir ferro logo depois que o engenheiro Eschwege voltou à Europa em 1821, três meses após a partida do rei Dom João VI. O engenheiro Varnhagen também retornaria ao Velho Mundo em 1821, mas os altos-fornos de São João do Ipanema, no morro do Araçoiaba, resistiram por muito mais tempo, entre altos e baixos, até o fechamento da fábrica em 1895.

Se não vingaram como negócio lucrativo, esses empreendimentos realizaram pela primeira vez no Brasil o ciclo completo da produção de ferro em escala industrial, a começar pelos fornos baixos de A Patriótica, em 1812, pelo alto-forno da fábrica do Morro do Pilar, em 1815, e pelos altos-fornos de São João de Ipanema em 1818. Conhecimentos técnicos que foram disseminados e permitiram o florescimento de novas empresas do ferro, como registrou o irmão do intendente, José de Sá Accioli, em carta ao contemporâneo na Universidade de Coimbra, José Bonifácio de Andrada, reproduzida por Marcos Carneiro:

"Em Minas depois que o intendente Manoel Ferreira deu as primeiras instruções aos povos, o fazem com tanta facilidade, que todo aquele que pode levantar sua trompa (instrumento de sopro) fabrica, e a ele se devem estes conhecimentos em Minas, que têm aliviado tanto os mineiros, como agricultores de grandes despesas, que sofriam na compra do ferro da Europa; e tal é a facilidade com que o fabricam, que qualquer estabelece uma ridícula fornalha em que fundem lupas de arrobas por fusão".

Embora proibido pela coroa, o Intendente Câmara fabricou pólvora no Arraial do Tijuco, usando-a nos serviços de mineração e na abertura de estradas, como o Caminho dos Escravos. Foto: Fernando Piancastelli

IX

MÁQUINAS E FESTINS

Dos descobrimentos do diamante até a primeira década do Século XIX, as técnicas de sua extração nos afluentes do rio Jequitinhonha pouco haviam mudado. Durante quase cem anos, usavam-se meios rudimentares para sondar os cascalhos diamantíferos, encontrados sob uma fina camada de areia no leito dos cursos d'água, e proceder à cata das pequenas pedrinhas. Mesmo nos tabuleiros de margens dos rios ou nas *grupiaras,* as formações de argila endurecidas, onde o diamante passou também a ser encontrado, o kit básico do minerador era a *"vara de sondar"*, alavanca, cavadeira, picareta e a *bateia*, um recipiente de madeira ou ferro de fundo cônico, de até meio metro de diâmetro; além, é claro, da sorte grande para *bamburrar*, encontrar um filão diamantífero, e fazer fortuna e fama.

Com a adoção pela *coroa* do sistema de contratos, a extração ganharia dimensões de uma grande empresa a partir de 1741, mas as técnicas e ferramentas continuaram rudimentares, até mesmo porque depósitos aluvionários virgens continuavam a ser encontrados quase que a céu aberto. Sob as ordens de feitores, até seis mil escravos eram empregados nos serviços de pesquisa, movimentação de areia, retirada do cascalho e desvio do curso do rio, caso fosse necessário. E era nas cabeças e ombros de escravos que o cascalho promissor era também transportado para o local da cata, em balaios e *carumbés*, as vasilhas com formato de casco de tartaruga, onde ficava armazenado em paióis vigiados dia e noite.

No grande dia marcado para o início da cata, o contratador encontrava-se quase sempre presente, assistindo e fiscalizando o trabalho dos administradores, feitores e escravos. O processo começava com a lavagem do cascalho em grandes caixões de madeira retangulares, os *bacos*, onde a terra e os pedregulhos eram eliminados até aparecer formações potencialmente diamantíferas, chamadas de *esmeril*. Se havia correnteza em lugar alto perto da cata, lavava-se o cascalho pelo sistema de *canoas*, uma espécie de bica capaz de provocar quedas d'água que possibilitava a eliminação de terra e pedras em regos e fervedouros, até restar apenas o *esmeril*.

Separada a formação diamantífera, era a vez da apuração de diamantes, da cata propriamente dita. Nos primeiros tempos do *rush* dos diamantes, usavam-se as bateias com água para batear o *esmeril* e apurar as pedrinhas escondidas. Com a mineração em larga escala, introduzida primeiro pelos contratadores e depois pelo monopólio da Real Extração, a partir de 1771, a apuração passaria a ser feita em mesas toscas ou em *terreiros*, onde um escravo experiente remexia o *esmeril* cuidadosamente com uma espátula, em busca dos diamantes, sob o olhar vigilante do feitor.

Pela coloração, cintilação, peso e formato da pedrinha, o escravo *ladino*, esperto, logo identificava se ela era de valor. Diamantes cintilantes, de coloridos claros, pura água, verde, verde-garrafa e preto, e de formato octaedro regular, podiam render até mesmo a alforria do escravo, caso pesassem mais de 17,5 quilates. Mas esses eram casos raríssimos, prevalecendo pedras de menor peso e valor. Aliás, no período colonial, o maior diamante encontrado no Brasil não foi no rio Jequitinhonha, mas no Abaeté. Pesava 138,5 quilates e estava guardado no cofre do Real Erário no Rio de Janeiro em 1818, como informam os naturalistas Spix e Martius no livro *"Viagem pelo Brasil"*.

Apesar da rusticidade, as ferramentas e técnicas empregadas permitiram a descoberta de grandes tesouros, cujas lendas povoam o imaginário dos mineradores de Diamantina até hoje. Próximo ao "Poção do Monteiro", no rio Jequitinhonha, por exemplo, o contratador João Fernandes de Oliveira *bamburrou*, tendo extraído impressionantes 179 mil quilates de diamantes em uma *grupiara* batizada de *"Lava pés"*, relata Joaquim Felício dos Santos, em *"Memórias do Distrito Diamantino"*. E o tesouro só não teria sido maior porque não houve como chegar ao cascalho sob a areia no fundo do poção, pois não se conseguiu domar a força das águas do grande rio.

Quando assumiu a Intendência em novembro de 1807, o desembargador Manoel Ferreira encontrara as antigas lavras em processo de exaustão, com crescente queda na produção de diamantes desde 1796. As novas áreas sondadas eram virgens e promissoras, mas de difícil acesso, e as técnicas e ferramentas utilizadas até então não permitiriam atingir os depósitos diamantíferos mais profundos; o que levou o novo intendente a empreender um amplo projeto de modernização da mineração nas lavras da demarcação diamantina.

Baseando-se em tecnologias européias, sobretudo inglesas, ele iniciou a mecanização dos processos de extração, introduzindo modernas sondas, guindastes, bombas e macacos hidráulicos, carros de mão, padiolas e carris sobre trilhos e sistemas de peneiras sobrepostas para a separação dos diamantes no *esmeril*. Com estes equipamentos e o uso da pólvora em larga escala, tornava-se assim possível realizar serviços de extração em áreas antes inexpugnáveis, além de reduzir o emprego da mão-de-obra escrava, sobretudo na movimentação de terra e areia e no transporte de cascalhos, terra e entulhos.

Se algumas dessas máquinas revolucionaram a mineração até então praticada no Distrito Diamantino, outras nem tanto. Foi o caso, por exemplo, da grande máquina que o intendente projetou para a extração no lendário "Poção do Monteiro", que o contratador João

Fernandes não conseguira explorar. Em seu livro, o historiador Felício dos Santos registrou:

"Era na verdade uma bela máquina, um poderoso auxiliar, que dispensava centenas de braços; mas infelizmente não podia ser aplicada com grande proveito pela especialidade da mineração dos diamantes (...) a Extração minerava por saltos, procurando os melhores serviços e de mais fácil lavor. Em uma seca cercava-se o rio, preparava-se a cata, extraía-se o cascalho que lavava-se na estação das águas; acabado um serviço, que durava um ano, ou quando muito dois ou três, passava a outro em diferente lugar. A imensa máquina, quase fixa, pesada, complicada, não podia ser comodamente transportada".

Aliás, o cobiçado *esmeril* do "Poção do Monteiro" continuaria como uma lenda a povoar a mente dos mineradores. Devido à contenção de custos determinada pela Diretoria Diamantina no Rio de Janeiro, que obrigara o Intendente Câmara a dispensar 800 dos 2,4 mil escravos alugados à administração em 1813, ele teve de suspender os serviços na lavra lendária e a grande máquina acabaria abandonada.

Apesar desses infortúnios, os equipamentos introduzidos pelo intendente permitiriam a retomada da produção de diamantes, embora os resultados nem de longe cheguem perto aos do apogeu do último contrato do desembargador João Fernandes ou dos primeiros 20 anos do monopólio da extração pela *coroa*. Mesmo assim, entre 1807, quando ele assumiu a Intendência, e 1822, quando a deixou, as remessas de diamantes do Tijuco para o Real Erário ultrapassaram a casa dos 241 mil quilates, com destaque para os anos de 1815 (26,9 mil) e 1816 (22,5 mil). De 1822 em diante, a produção entraria em espiral descendente, até a extinção da Intendência dos Diamantes dez anos depois, em 1832.

Além da modernização da extração diamantina e da produção de ferro no Morro do Pilar, o Intendente Câmara voltou-se também para a exploração de *nitreiras*[1] e a fabricação de pólvora, como solicitara o ministro Dom Rodrigo de Souza Coutinho na primeira carta que lhe dirigira ao chegar ao Rio de Janeiro, em março de 1803. Por ordem de Dom Rodrigo, naquele mesmo ano o mineralogista José Vieira Couto, futuro desafeto, atestara as enormes potencialidades das *nitreiras* da Serra do Cabral, localizadas na então Comarca de Sabará, na parte mineira do médio São Francisco, e o intendente decidiu então explorá-las.

Junto com o irmão mais velho, ele adquirira experiência prática nas salitreiras da Serra dos Montes Altos, na Bahia, e começaria os trabalhos na Serra do Cabral logo após a publicação da carta régia, datada do dia 13 de maio de 1808, que suspendera a proibição da sua exploração. Embora a ordem real tenha determinado que a produção de pólvora ficasse sob monopólio da fábrica real instalada pela *coroa* no Rio de Janeiro, o intendente decidiu fabricá-la também no Tijuco, considerando a demanda intensa de explosivos para abertura de lavras nos terrenos rochosos da demarcação e desvio de cursos d'água.

Assim, após despachar os primeiros carregamentos da matéria-prima para o Rio de Janeiro, como solicitara o protetor na *corte*, o próprio intendente metalurgista se encarregaria de ensinar as técnicas e processos de fabricação de pólvora aos oficiais-mecânicos do Tijuco, entregando a direção da fábrica ao comerciante Sebastião Machado Coelho. E a pólvora produzida na fábrica local logo seria usada não só para atender as necessidades da Real Extração, mas também para abrir valas e canais de abastecimento de água, construir novas estradas e produzir pedras para o calçamento de ruas e praças.

Conhecido como "Caminho dos Escravos", a variante da Estrada Real que ligou o Tijuco ao povoado de Mendanha, atual distrito de Diamantina, foi aberta em seus trechos íngremes, cortando a Serra

---

[1] Fontes de materiais nitrogenados, das quais se processa o salitre, utilizado na fabricação da pólvora.

dos Cristais, pela pólvora da fábrica do Tijuco. Foram também das pedreiras abertas por ela que vieram as pedras para as obras de engenharia e calçamento de trechos do trajeto de quase quatro léguas[2] do "Caminho dos Escravos" até Mendanha, bem como das principais vias e praças do centro histórico do arraial, como as ruas da Direita e da Quitanda e os largos da antiga Sé do Santo Antônio e da Cavalhada.

Também nas atividades do comércio, sob as quais pesavam enormes restrições, ele interpretou ao seu modo a determinação do *"Livro da Capa Verde"* que obrigava o intendente a regular a quantidade de tendas e lojas de secos e molhados que poderiam funcionar na demarcação diamantina. Com esta norma de 1771, a *coroa* buscou assegurar o monopólio da Real Extração e coibir o contrabando de diamantes, por meio da restrição ao comércio e ao povoamento da região, mas o Intendente Câmara aplicou-a moderadamente; o que permitiu a expansão das atividades comerciais no Tijuco.

Em viagem pelo Distrito Diamantino em 1817, o naturalista francês Auguste de Saint-Hilaire encantou-se com as casas de comércio do Tijuco, como registrou no livro *"Viagem pelo distrito dos diamantes e litoral do Brasil"*, cujo texto, de 1833, foi publicado pela primeira vez no Brasil apenas em 1941:

"As lojas dessa aldeia são providas de toda sorte de panos; nelas se encontram também chapéus, comestíveis, quinquilharias, louças, vidros e mesmo grande quantidade de artigos de luxo, que causam admiração sejam procurados a uma tão grande distância do litoral (...) Essas mercadorias são quase todas de fabricação inglesa e são vendidas em geral por preços muito módicos, tendo-se em vista a distância e a dificuldades de transportes".

---

2 O "Caminho dos Escravos" foi restaurado na década de 1990 pelo saudoso Zulmiro Ribas, um entusiasta da preservação da história de Diamantina, e é hoje um dos principais cartões-postais da cidade inscrita na seleta Lista do Patrimônio Mundial da UNESCO em 1999.

O francês encantou-se ainda com a erudição da elite do arraial. *"Encontrei em Tijuco mais ilustração do que em todo o restante do Brasil, mais gosto pela literatura, e um amor mais vivo pela instrução"*, ele escreveu admirado, acrescentando que *"muitas pessoas possuídas por uma nobre emulação, aí aprenderam o francês sem mestre; conhecem nossos melhores autores, e alguns depois de um longo exercício consigo mesmos, conseguiram poder falar a nossa língua de modo inteligível, só com o auxílio de uma gramática imperfeita"*.

Como exemplo da cultura musical do antigo Tijuco, marca registrada da cidade até os dias de hoje, Saint-Hilaire relata, em seu livro, que presenteara a esposa do Intendente Câmara, Dona Matilde, com um caderno de partituras. Convidado para um concerto no palacete do Intendente Câmara poucos dias antes de partir do arraial, ele não esconderia sua surpresa ao ouvir os músicos da orquestra tocando *"muitas belas variações das árias do caderno"*.

De fato, Dona Matilde e o marido eram pródigos nos saraus, concertos e bailes que ofereciam na casa localizada no alto da rua da Glória, para os quais os músicos ensaiavam com esmero, sempre atualizados com o que houvesse de mais novo na *corte*, no Rio de Janeiro, e nas metrópoles européias. Festas e festins em que não faltavam jantares de gala, servidos em baixelas de prata e louça inglesa e regados a finos vinhos portugueses em taças de cristais da Boêmia, como os oferecidos após a chegada ao Tijuco das primeiras barras de ferro produzidas no alto-forno da fábrica do Morro do Gaspar Soares em 1815.

Poliglota, dominando fluentemente pelo menos seis idiomas, entre os quais o francês, o inglês, o alemão e o espanhol, o desembargador Manoel Ferreira e sua esposa eram mestres nas artes da hospitalidade e do bem receber, como revelam os relatos dos naturalistas estrangeiros. Falando no idioma de cada um dos visitantes, o intendente, culto como eles, cativava-os em longas conversas sobre os mais diversos assuntos que inquietavam a intelectualidade no início do

Século XIX, desde os vários ramos das Ciências Naturais, da Geologia à Química e à Botânica, passando pela administração de minas de ouro, ferro e diamantes e a Metalurgia, até a Pecuária e a Agricultura.

Nas palavras de Felício dos Santos, apesar da sofisticada formação, Manoel Ferreira era um homem essencialmente prático e, como fizera na fabricação de ferro e pólvora e na mecanização da mineração, ensaiaria também experimentos agrícolas, de criação de animais e de Piscicultura na "Quinta dos Caldeirões", assim batizada porque o rio que corta a propriedade forma bacias em seu curso sobre as lapas. Localizada na Sopa, atual distrito diamantinense, a quatro léguas do Tijuco, a chácara foi erigida pelo intendente em um bosque, sendo a casa rodeada por jardins e fontes, quintais e cercados, onde cultivava hortaliças e plantas exóticas e criava animais. Perto dali, ele drenara as águas do córrego para formar um grande tanque, onde criava diversas espécies de peixes.

Como a água pura não podia faltar, ele projetou um engenhoso sistema de canais e bicames para o abastecimento da casa da quinta, trazendo-a por gravidade de minas na serra. Como o bom vinho também não podia faltar, o intendente mandou escavar uma adega na serra, onde as garrafas permaneciam sempre frescas. E era ali que ele e Dona Matilde passavam os dias de descanso e recebiam convidados de todas as partes da demarcação diamantina para as comemorações do aniversário do intendente, em 26 de abril, realizadas todos os anos sob a luz das luminárias dos jardins da quinta. Neste dia, o intendente abria então a sua afamada adega da mina, servindo aos convidados raros vinhos portugueses.

Em 1818, Spix e Martius estavam no Tijuco e deixariam um vívido relato das festanças promovidas pelo Intendente Câmara em comemoração à aclamação tardia,[3] ocorrida no Rio de Janeiro em fevereiro,

---

3   A rainha Maria I, alcunha de A Louca, falecera dois anos antes, em março de 1816, mas já não governava desde 1792.

de Dom João, o VI, a rei do Reino de Portugal, Brasil e Algarves, e ao casamento do príncipe Dom Pedro com Dona Leopoldina, contratado na Áustria em 1816, mas só abençoado um ano depois, em novembro de 1817, após a chegada da princesa ao Rio de Janeiro.

"*Começaram as cerimônias com um espetáculo em teatro, para este fim erguido com tablado na Praça do Mercado, para onde o povo e os atores se dirigiram em préstito festivo. Arautos abriam o séquito, seguia o coro de cantores e mais quatro figurações, que, representando as vastas possessões da monarquia portuguesa, traziam, decorado com os emblemas do europeu, índio, oriental, negro e americano, um globo terrestre, acima do qual estava a imagem de Dom João VI*", reportaram os dois bávaros em "*Viagem pelo Brasil*". No livro, eles descrevem a encenação da peça "*A noiva reconquistada*" na abertura das comemorações, bem como as cavalhadas que ocorreram nos dias seguintes e que "*faziam lembrar a bela época cavalheiresca da Europa*".

Spix e Martius registraram ainda que "*também os negros esforçaram-se por festejar, a seu modo, essa extraordinária solenidade patriótica*". Lembrando que era "*costume dos negros do Brasil* "nomear todos os anos um rei e sua corte, que "*goza apenas de dignidade fútil, tal como o rei da fava, no dia de Reis, na Europa, razão porque o governo luso-brasileiro não põe dificuldade alguma a essa formalidade sem significação*", os naturalistas esmiúçam a bela manifestação cultural afro-brasileira da Congada, que começara com a escolha de um rei Congo e de uma rainha Xinga, e seguiu em procissão apoteótica até a Igreja do Rosário dos Homens Pretos. Na igreja, o rei e a rainha do ano anterior entregaram o cetro e a coroa ao novo rei que, com toda sua corte, rumou para uma visita de gala à autoridade máxima do Tijuco.

"*O intendente, já prevenido dessa visita, esperou o seu hóspede real em roupão e carapuça. O recém-eleito, negro forro e sapateiro de ofício, ao avistar o intendente, ficou tão tímido que, ao ser convidado para sentar-se no sofá, deixou cair o cetro*", escreveram os bávaros, acrescentando que então o *"afável Ferreira da Câmara"* apanhou-o, entregando-o ao rei com as palavras: *"Vossa Majestade deixou cair o cetro"*.

Em *"Viagens pelo Brasil"*, Spix e Martius esforçam-se para descrever aos seus leitores na Europa, em detalhes, o prosseguimento da multicolorida e barulhenta festa da Congada no Tijuco nos dias seguintes, até o encerramento *"com o brado do rei dos pretos, que o seu povo repetiu: – Viva El-Rei Dom João VI!"*. Na conclusão da narrativa da festa popular, os naturalistas acabam por desnudar o pensamento eurocêntrico, exclamando: *"Quão interessantes as reflexões do pensador, que, em retrospecto e visão do futuro se ligam a essa estranha festa!"*

Um ano depois, em 1819, a crônica da festa no Tijuco pela aclamação do rei e pelo casamento do príncipe ganharia as páginas de um impresso laudatório que circulou na Bahia, segundo conta Felício dos Santos em *"Memórias do Distrito Diamantino"*. O livro não traz informações sobre o impresso e o autor da crônica da festa que durou seis dias, começando com a iluminação das casas no dia 28 de maio de 1818, quando se distinguiu a decoração do palacete do intendente, cujas janelas foram decoradas com quadros alusivos aos objetivos das comemorações: *"o despotismo, a aristocracia, a monarquia, a democracia, a anarquia, a justiça, o reino unido, o casamento, o amor conjugal, a moral pública e a clemência"*.

Na crônica transcrita por Felício dos Santos, o autor exaltava as imagens e dizeres em latim que representavam o despotismo, a justiça, a monarquia – *"figurada por uma divindade, a quem os três estados, representados por um sacerdote, por um plebeu e por um nobre, ofereciam um cetro e a coroa"*-, o reino unido, o casamento, a moral pública e a clemência, fustigando a democracia e a anarquia.

"Vinha depois a democracia, que uma donzela sedutora em seu porte e alinho representava. Estava suspensa nos ares com os dois braços abertos, designando os extremos a que está sujeita esta forma de governo", interpretou o autor da crônica, emendando: *"Na quinta*

janela se via personificada a anarquia da forma de uma fúria desalinhada e sem compostura".

Após descrever os quadros que adornavam as janelas da casa do intendente no alto da atual rua da Glória, o autor do impresso se esmerou no relato das encenações teatrais na praça, cavalhadas e te--déuns nas igrejas, sem sequer citar a Congada. E, irônico, Felício dos Santos, que era liberal, termina a transcrição com um comentário ferino: *"cremos que ao leitor da escola do despotismo não terá desgostado a descrição destas festas".*

Apesar do acesso às minas ser fortemente patrulhado nos caminhos da Estrada Real, contrabandistas se aproveitavam da vastidão do território para descaminhar ouro e diamantes. Fonte: Instituto Estrada Real

X

GARIMPOS E DESCAMINHOS

Com suas receitas cada vez mais dependentes do ouro e do diamante da Capitania das Minas Gerais, a *coroa* portuguesa culpava a mineração clandestina e os descaminhos como as principais causas da queda de arrecadação da Real Fazenda, sobretudo a partir de 1763, quando, pela última vez, fora cumprida a remessa mínima de cem arrobas de ouro para Lisboa. Se antes o combate à extração ilegal e ao contrabando já figurava em papel de destaque no pacto colonial, com a decadência da produção de ouro tornar-se-ia verdadeira obsessão, sucedendo-se as ameaças de *derrama*, como a que levou à Conjuração Mineira em 1789.

Inimigos do rei, aos contrabandistas e aos mineradores clandestinos a *coroa* reservava desde sempre, por meio de seus prepostos na colônia, a força das armas dos destacamentos de Dragões e das leis. Na demarcação diamantina, o monopólio régio do comércio de diamantes, imposto em 1753, e a Real Extração, criada com o Regimento Diamantino em 1771, materializariam essa ofensiva de controle da *coroa* sobre as minas e do seu esforço repressivo, oferecendo à Intendência Geral dos Diamantes os aparatos legais e todos os poderes para coibir a extração ilegal e o descaminho de diamantes.

Embora nos círculos *ilustrados* da *corte* portuguesa outras causas estivessem em discussão na segunda metade do Século XVIII para compreender a crise da mineração, o contrabando e a extração clandestina prosseguiriam em primeiro lugar na lista da *coroa* dos entraves ao desenvolvimento e ao bem-estar do reino. De fato, se por alguns anos após os descobrimentos do ouro e do diamante esses foram os caminhos encontrados pelos mineiros para sonegar o *quinto*, o mesmo ocorreria depois da oficialização das descobertas. E prova disso é que boa parte dos mais de três milhões de quilates de diamantes e da uma tonelada de arrobas de ouro extraídas no Brasil até 1822 saíram daqui furtivamente.

Contudo, nem a mineração fora da lei e nem o tráfico constituíam-se em atividades marginais aos interesses econômicos das elites da colônia e muito menos da metrópole. Na verdade, as atividades ilegais estavam alicerçadas em uma poderosa rede de interesses que nascia nas lavras clandestinas, passava pelos arraiais e vilas mineradoras até chegar aos portos do Rio de Janeiro e da Bahia, prosseguindo daí para Lisboa e, depois, para os mercados de Londres, Amsterdã e Antuérpia, bem como de outros centros europeus.

Em territórios vastos e ainda pouco conhecidos como os das Minas Gerais, cujos primeiros mapas mais precisos são de 1778, de autoria do engenheiro militar português José Joaquim da Rocha, o esforço repressivo da *coroa* estava sempre dois a três passos atrás das riquezas que se descobriam da noite para o dia. E mesmo nas lavras "oficializadas" recorria-se a todo tipo de expediente, desde esconder ouro ou diamante nos cabelos, nas narinas ou na boca. Dali, sorrateiramente o produto era levado aos povoados, onde os mineradores contavam com a cumplicidade de setores das elites locais, compradoras do ouro e do diamante extraídos clandestinamente, bem como de agentes públicos corrompidos pelas propinas do contrabando.

No transporte do ouro e do diamante para os portos, os traficantes contavam, por sua vez, com a limitação das tropas estacionadas nos *registros* para fiscalizar rotas e picadas marginais às estradas reais. Não fosse esse o caso, recorria-se ao suborno, ou aos "santos de pau oco" e à costura de diamantes em barras de batinas e paletós, entre outras artimanhas, para contrabandear o ouro ou as pedras para os portos, onde agentes alfandegários, capitães de navios e marinheiros seriam cúmplices e beneficiários do transporte do produto ilegal para a Europa.

No continente europeu, a roda do contrabando girava outra vez a partir de agentes da alfândega lisboeta e de comerciantes de "grosso trato" da cidade que, por sua vez, interligavam-se a homens de negócios e banqueiros de outras praças européias, onde se destacavam cristãos novos de origem portuguesa que, perseguidos pela Inquisição, haviam deixado o reino. Com múltiplos e eficientes tentáculos, a rede do contrabando era de fato poderosa, mas certamente não era essa a única causa da queda da arrecadação dos *quintos* a partir da segunda metade do Século XVIII, como, aliás, já apontava boa parte dos reformadores *ilustrados* portugueses.

Adepto da *Ilustração*, o Intendente Câmara assumira a administração diamantina com o propósito de diversificar a mineração, modernizar a extração dos diamantes e fabricar ferro e aço. Nas viagens científicas pelo Velho Mundo, ele concluíra que a crise da mineração no Brasil resultava muito mais do atraso das técnicas empregadas e do modelo de administração do negócio do que aos descaminhos, como revelam as propostas que elaborou para o Alvará das Minas. Mas sabia também que os desafios de diversificar e modernizar a mineração não seriam bem sucedidos aos olhos da *coroa*, se o combate à extração ilegal e ao contrabando não contasse de seus planos, ainda mais na demarcação diamantina, conhecida pela atuação desafiadora de bandos de garimpeiros.

A etimologia da palavra garimpeiro, aliás, remete à característica da mineração clandestina nas terras diamantinas. Segundo o jornalista e escritor Aires da Mata Machado Filho em *"Arraial do Tijuco Cidade Diamantina"*, livro cuja primeira edição é de 1944, o mineralogista José Viera Couto teria sido o primeiro a escrever sobre a origem do substantivo,[1] usando "grimpeiro" como apelido de mineradores furtivos que assim eram chamados por viverem escondidos nas grimpas de serras. Em *"Viagem pelo Distrito dos diamantes e litoral do Brasil"*, publicado em 1833, Saint-Hilaire, por sua vez, já usava a palavra garimpeiro, fazendo a aproximação semântica com grimpas, como fizera Vieira Couto.

Seja como for, tanto na Diretoria Diamantina em Lisboa quanto no Tijuco, era ainda viva no início do Século XIX a memória do bando de garimpeiros liderado pelo escravo alforriado José Basílio de Souza, que infernizara o governo de quatro intendentes, com prisões e fugas espetaculares por quase 15 anos. Em sua última prisão em 1791, José Basílio chegou a confessar que pagava pedágio aos soldados que patrulhavam as minas do Abaeté, onde seu bando garimpava, mas manteve silêncio sobre os compradores das pedras; o que levou a Diretoria Diamantina a repreender a Real Extração no Tijuco.

Na mesma época de José Basílio, a quadrilha de João Costa, João Rodrigues Nogueira – o "Tambor", Antônio – "Bamba" e José Ferreira – "Orelha pé de Pato" era outra que atuava firmemente na serra de Itacambira e que apenas seria desbaratada após a intervenção direta do governador da capitania, Luís da Cunha Meneses, que estacionou na região uma tropa de Dragões por quase um ano, de 1787 a 1788.

Quando Manoel Ferreira assumiu a Intendência dos Diamantes em 1807, outro bando de garimpeiros e quilombolas, liderado pelo negro fugitivo Isidoro, tinha presença ativa na demarcação, contando com compradores das pedras que garimpava entre os senhores principais do Tijuco. O doutor Antônio Modesto Mayer, a quem Manoel Ferreira sucedeu no cargo, fizera vistas grossas à atuação de Isidoro, ao contrário do seu antecessor, o intendente João Inácio do Amaral, que não só

---

1   A palavra "grimpeiro" consta da "Memória sobre as Minas da Capitania de Minas Gerais", elaborado em 1801 a pedido da coroa portuguesa, mas só publicado em 1842.

deslocou patrulhas volantes para caçá-lo, como prometeu prêmios para quem o capturasse vivo ou morto ou delatasse o seu esconderijo.

Em *"Memórias do Distrito Diamantino"*, Felício dos Santos dedica um capítulo inteiro do livro ao garimpeiro Isidoro. Segundo conta o historiador, ele fora escravo de um frei contrabandista, de nome Rangel, que teve seus bens confiscados pela *coroa*. Obrigado a trabalhar com argolas de ferro no tornozelo para a Real Extração, Isidoro não suportou o suplício e um dia conseguiu fugir, limando os ferros da calceta. Logo, outros escravos seguiram o seu exemplo e ele tornou-se chefe incondicional de um bando de garimpeiros destemidos.

"Isidoro era um pardo alto, corpulento, valente, intrépido. Sua tropa compunha-se de uns cinquenta escravos, todos aguerridos, ousados, que ele fazia observar a mais rigorosa disciplina e sujeição ao seu mando. Se algum deles delinquia era preso e entregue ao seu senhor para ser punido: tal era a pena", relata Felício dos Santos, afirmando que exatamente por isso nunca houve queixas contra Isidoro e seu bando entre os principais do Tijuco. Criado desde pequeno na mineração, ele tornara-se um hábil mineiro, conhecendo grande parte da demarcação diamantina e as suas mais promissoras lavras.

Em *"História dos Diamantes nas Minas Gerais"*, publicado em 1945, Augusto de Lima Júnior joga mais luzes sobre quem teria sido esse famoso garimpeiro. De acordo com ele, tratava-se de Isidoro de Amorim Pereira, surpreendentemente chefe de uma das expedições de garimpeiros contratadas pelo governador Bernardo José de Lorena para explorar as minas de diamantes do Abaeté na virada do Século XVIII. O garimpeiro que fugira da calceta da escravidão da Real Extração estava agora então a serviço da própria *coroa*, como, aliás, confirma o relato contemporâneo de Vieira Couto, que pesquisara as minas do Abaeté a pedido da *coroa*:

"Aqui nos demoramos nove dias esperando pela gente grimpeira, que neste lugar deveria incorporar-se conosco, como sucedeu. Essa gente

compunha um magote de 60 para 70 pessoas, mui bem matizado de diferentes cores, quais as de brancos, mulatos, cabras, pretos, tudo gente ínfima e de costumes tais, como pedia seu péssimo e infeliz gênero de vida. O Capitão Isidoro era, a cuja voz e aceno se movia todo esse rancho, homem pardo, maior de cinquenta anos, de muitas poucas palavras, e estas muito atenciosas, macias e corteses; mas de gênio retrincado e sagaz, e a cujos dotes deveu ele a prerrogativa de sempre dominar sobre grande enxames de tal gente".

Assim, de escravo confiscado a um contrabandista, tornando-se fugitivo da Real Extração e depois um "grimpeiro" a serviço da *coroa*, Isidoro já estava de volta ao submundo da mineração clandestina quando o desembargador Manoel Ferreira assumiu a Intendência dos Diamantes em 1807. Contra ele e o seu bando, o novo intendente declarou guerra aberta e sem tréguas, deslocando para todas as regiões da demarcação diamantina patrulhas de soldados em perseguição implacável ao líder dos garimpeiros, mais até do que fizera João Inácio.

No Tijuco, o Intendente Câmara empregou também todos os meios possíveis para descobrir a localização de Isidoro: tentou seduzir uns, ameaçou outros e usou de ameaças e intimidações contra aqueles que julgava serem seus protetores no arraial, conta Felício dos Santos. Profundo conhecedor do território, Isidoro sempre conseguia fugir, até que em junho de 1809 foi traído por um garimpeiro do seu próprio bando e, emboscado pela tropa da Intendência no local revelado pelo traidor, resistiu sozinho ao cerco o quanto pode, apenas sendo capturado após ser ferido por três tiros de espingarda.

Como um troféu da guerra contra a mineração clandestina e o contrabando, Isidoro seria então conduzido em cortejo militar para o Tijuco, amarrado à sela de um cavalo, ensopado de sangue e desfalecido, com a cabeça curvada sobre o peito. *"Era um triste espetáculo. Ainda hoje vive muita gente que o assistiu (...) O povo compungido dizia: Lá vem o mártir, o homem inocente"*, registrou o autor de *"Memórias do Distrito Diamantino"* cinquenta anos depois.

Se não todo o povo, com certeza boa parte dos senhores da elite do arraial ficara apreensiva com a prisão do garimpeiro, sobretudo por temer delações sob tortura. Pelo pacto de silêncio que unia as pontas da rede do contrabando, era de se esperar que Isidoro não delatasse os compradores das pedras, a exemplo do que fizera o escravo alforriado José Basílio 20 anos antes. Contudo, o Intendente Câmara não escondia que o seu objetivo maior, muito mais do que a prisão do líder garimpeiro, era chegar às cabeças da rede do tráfico, sendo público e notório que Isidoro *"entretinha frequentes comunicações com pessoas importantes do Tijuco, que lhe compravam as pedras que extraía"*, registra Felício dos Santos.

O próprio memorialista do Tijuco dá uma pista em seu livro de quem seria uma dessas pessoas importantes, mas sem revelar o seu nome. Segundo ele, morava na rua da Romana e certo dia recebeu um encapuzado em uma sala secreta de sua casa, que logo reconheceu ser Isidoro. O garimpeiro então indagou se o senhor era proprietário de uma escrava fugida, de nome Maria, e com a confirmação, perguntou quanto queria pela sua liberdade, seguindo-se o diálogo:

"Por ter defeito de fugitiva, só vale duzentas oitavas (de ouro)", respondeu o senhor, no que Isidoro retrucou: *"Mas ela está parida."*

"Então quero duzentas e vinte", disse o senhor.

"Mas o filho é meu", exclamou o garimpeiro.

"Então só quero duzentas".

"Eu trouxe seiscentas para a liberdade da mãe e do filho. O dinheiro aplicado para a liberdade é sagrado. Peço-lhe que distribua as quatrocentas restantes pelos pobres", disse Isidoro, recebendo a carta de liberdade da escrava Maria e saindo.

A prosa que, segundo Felício dos Santos, *"foi-nos referido por uma pessoa, que o ouviu do interlocutor de Isidoro"*, revela a formação do mito e da lenda em torno do garimpeiro cordial. E esse é o tom com o qual o autor prossegue a sua minuciosa narrativa sobre o martírio de Isidoro nos dias seguintes, a começar pelo tenso interrogatório a que foi submetido pelo próprio Intendente Câmara, mas sem conseguir que ele delatasse sequer um nome dos compradores das pedras que garimpava.

Contrariado com o silêncio do garimpeiro, o intendente mandou então açoitá-lo com chicotes de couro cru, chamados de bacalhaus. E em praça pública, amarrado a uma escada com as mãos e pernas abertas, Isidoro seria barbaramente açoitado por dois soldados, até desmaiar, mas sem um gemido, sob os olhares consternados dos populares que se aglomeravam para assistir a sessão de tortura, narra Felício dos Santos.

Após um dia de pausa, o garimpeiro seria submetido pelo intendente a uma segunda bateria de inquirições, mas se manteve mais uma vez em silêncio quanto aos nomes de cúmplices ou de compradores de suas pedras, respondendo apenas que *"os diamantes eram de Deus, e só dele; e por isso não cometera crime em extraí-los"*. Em seguida, Isidoro foi amarrado novamente à escada em frente à cadeia, onde desfaleceu aos primeiros açoites do bacalhau. Carregado de volta à masmorra, Isidoro já tinha um padre aguardando para ouvir-lhe a confissão e um médico chamado às pressas deu-lhe pouco tempo de vida, mas ele resistiria aos ferimentos e às torturas ainda por mais alguns dias.

Sempre de acordo com o autor de *"Memórias do Distrito Diamantino"*, o Intendente Câmara não teria assistido à última sessão de tortura de Isidoro, arrependendo-se do *"ato de barbaridade que acabava de ordenar"*. Ele teria, inclusive, pedido perdão ao garimpeiro que, antes de morrer, o chamara para revelar a existência de uma lavra de diamantes de enorme riqueza. *"Isidoro quis falar, tentou erguer-se; mas já era chegada a sua hora e caiu morto"*, dramatizou Felício do Santos, nascendo daí outra lenda, que sobrevive até hoje em Diamantina, de um tesouro escondido que só Isidoro conhecia a localização.

Doze anos depois, em maio de 1821, o fantasma do líder garimpeiro voltaria a assombrar o Intendente Câmara nas páginas de uma carta anônima que circulou no Tijuco e seria publicada no Rio de Janeiro no final daquele ano. Na carta, intitulada *"De um patriota, amigo da verdade, em resposta à proclamação ou aviso ao povo da demarcação diamantina pelo conselheiro Manoel Ferreira da Câmara Bethencourt e Sá"*, o autor anônimo – José Vieira Couto, segundo Felício dos Santos – denunciava que o próprio intendente açoitara Isidoro. *"Ah; meu Câmara, como envileceste nesse dia as graves Vestes de Têmis (na mitologia grega, a deusa guardiã das leis e dos juramentos dos homens), e a confundiste com a jaqueta de carrasco! E ousas dar-te o nome de Pai do Povo!"*

Para o autor anônimo, o garimpeiro Isidoro tornara-se, assim, mártir maior do famigerado *"Livro da Capa Verde"*, bem como do conselheiro Manoel Ferreira, seu despótico intendente.

Em março de 1821, a população do Tijuco protagonizou uma das primeiras manifestações em Minas Gerais em apoio ao movimento constitucionalista iniciado no Porto, em Portugal, no ano anterior. Foto: Fernando Piancastelli

XI

REVOLTAS E REVOLUÇÕES

À frente dos trabalhos na fábrica de ferro, o Intendente Câmara encontrava-se no Morro do Pilar nos primeiros meses de 1821, à margem da marcha dos acontecimentos políticos que agitavam o reino e sacudiriam também o Arraial do Tijuco. Inspirada na revolução espanhola, que obrigara o rei Fernando VII a jurar a Constituição, a revolução liberal do Porto iniciara-se em 24 de agosto de 1820 naquela cidade do Norte de Portugal e, no dia 15 de setembro, chegava a Lisboa, contagiando a partir daí todo o país.

Defensores de um regime monárquico, mas regulado por uma Constituição soberana, os liberais revoltosos, que haviam formado uma junta provisória de governo, exigiam o imediato retorno do rei Dom João VI para Portugal. Convocavam também as "Cortes Gerais Extraordinárias e Constituintes da Nação Portuguesa" – uma assembleia de deputados eleitos nas províncias do Reino Unido de Portugal, Brasil e Algarves – que seriam responsáveis pela elaboração da Carta Magna.

Embora contasse com a maior população, o Brasil teria direito a apenas 77 das 196 cadeiras das Cortes Gerais, pois os escravos não contavam na estimativa populacional de cada província. Assim, Portugal teria a maior bancada, de cem deputados, ilhas dos Açores e da Madeira nove, e demais províncias ultramarinas, como Angola, Moçambique,

Macau e Timor, também nove. Em 26 de janeiro de 1821, as cortes iniciaram as sessões, mas os deputados brasileiros apenas seriam eleitos e começariam a chegar a Lisboa no final do ano, devido às dificuldades de comunicação de uma época em que uma correspondência demorava mais de dois meses apenas para atravessar o Atlântico.

No Brasil, a conflagração teria suas primeiras repercussões no início de 1821. Em 1º de janeiro, a Capitania do Grão-Pará se rebelou e no dia dez de fevereiro seria a vez da Bahia, ambas formando os respectivos governos provisórios e prestando juramento antecipado à futura Constituição. Pressionado a assinar também um cheque em branco para as Cortes Gerais e a retornar a Portugal, o rei Dom João VI tentou tergiversar, cogitando que o seu filho, o príncipe regente Dom Pedro, de 22 anos, voltasse em seu lugar.

Escolado nas artes de ceder os anéis para não perder a coroa, como fizera 13 anos antes ao fugir de Portugal, frustrando Napoleão Bonaparte, Dom João VI protelou o quanto pode até que, encurralado, viu-se obrigado a recuar. Por meio de um inusitado decreto régio pré-datado, do dia 24 de fevereiro, ele acatou o ultimato das Cortes Gerais, prestando juramento solene à Constituição e anunciando das sacadas do Paço Real no Rio de Janeiro o seu retorno e da família real para Lisboa.

No Arraial do Tijuco, as notícias das rebeliões do Grão-Pará e da Bahia chegaram antes, nos primeiros dias de março de 1821, trazidas por tropeiros e viajantes do antigo caminho real que ligava Salvador às vilas mineiras. Entre os senhores principais, houve quem defendesse aderir imediatamente à causa das Cortes Gerais e seguir o exemplo dos paraenses e baianos, mas prevaleceu a ponderação do tenente--coronel de Milícias, Manoel Vieira Couto, de que se aguardassem notícias oficiais sobre a reação do rei.

Finalmente, as boas novas do Rio de Janeiro chegaram por cartas particulares e exemplares da "*Gazeta do Rio de Janeiro*"[1] em 19 de março, quase um mês depois, acendendo o estopim do movimento constitucionalista no arraial. À revelia do fiscal da Intendência dos Diamantes, Luís José Fernandes de Oliveira, que substituía o Intendente Câmara, senhores principais do Tijuco, liderados pelo tenente-coronel, irmão do mineralogista José Vieira Couto, organizaram na noite daquele dia uma concorrida manifestação no largo da igreja matriz do Santo Antônio, jurando antecipadamente a Constituição com vivas à liberdade e morte ao *"Livro da Capa Verde"*.

Conforme relata Felício dos Santos em *"Memórias do Distrito Diamantino"*, o jovem fiscal da Intendência, que era genro do intendente, foi informado sobre o movimento na Quinta dos Caldeirões e, ao retornar ao arraial no início da noite do dia 20 de março, encontrou as casas iluminadas por luminárias nas janelas, ouvindo-se a algazarra dos repiques dos sinos das igrejas e das baterias de fogos de artifícios e salvas de tiros, como sempre ocorriam em datas festivas.

Indignado, o fiscal Luís José reagiu com vigor. Assinou imediatamente ordens de despejo da demarcação diamantina de suspeitos de liderarem o movimento, entre os quais o tenente-coronel Manoel Vieira Couto, e tentou também proibir o prosseguimento das comemorações, mas foi obrigado a recuar, diante da imediata reação popular.

Na manhã do dia seguinte, a contenda quase redundaria em tragédia, conta o memorialista do Tijuco. Com ordens do jovem fiscal para dispersar qualquer manifestação, se preciso fosse a tiros, duas tropas com 60 soldados marcharam para a praça da matriz, onde uma multidão já estava concentrada, armada e preparada para o confronto. Aos sons da corneta de uma das tropas, que descia a rua Direita, seguiram-se momentos de tensão quando os soldados ficaram frente a frente com a multidão, em posição de batalha, armas engatilhadas.

---

1 Jornal criado em 1808, com a chegada da família real ao Brasil.

"*Esperava-se uma explosão. Foi um momento supremo, cheio de angústias... Os soldados fizeram alto repentinamente, sem esperarem as ordens de seus chefes. Levantaram as armas, bateram nas coronhas e fizeram soltar fora as escorvas (espoletas). (...) Sucedeu uma tempestade de aplausos e de vivas no meio do qual as tropas cruzaram-se no centro da praça, e seguiram silenciosas*", escreveu Felício dos Santos.

O Intendente Câmara soube desses acontecimentos no Tijuco cinco ou seis dias depois. Pelo emissário que despachara às pressas com cartas para o sogro no Morro do Pilar e para o governador da capitania, Dom Manuel de Portugal e Castro, em Vila Rica, Luís José informava que se tratava de uma sedição, visto que a Intendência dos Diamantes não havia recebido nenhum comunicado oficial sobre o juramento do rei à Constituição, justificando assim todos os seus atos.

De fato, o comunicado oficial do governo da capitania, datado do dia dois de abril, seria recebido na Casa da Intendência no Tijuco apenas nove dias depois, em 11 de abril. E o fiscal tentaria então se reabilitar, convocando a população a iluminar suas casas nos dias 13, 14 e 15, em comemoração ao juramento de Dom João VI. Sua autoridade, porém, já estava irremediavelmente comprometida e apenas os administradores da intendência mais próximos atenderam ao edital.

Em contrapartida, concorrida festa cívica aconteceria no arraial uma semana depois, no dia 22, domingo da ressurreição de Cristo, data marcada pela *coroa* para o juramento antecipado das cidades, vilas e arraiais à futura Constituição. Realizada na igreja matriz de Santo Antônio, especialmente adornada com peças de ouro e prata e tendo suas paredes forradas com sedas e damascos, a solenidade de gala reuniria moradores de toda a demarcação diamantina, destacando-se as palavras, transcritas por Felício de Santos, de ninguém menos do que o proscrito tenente-coronel Manuel Vieira Couto.

"*Não seremos jamais expulsos ao primeiro aceno de um só magistrado, as mais das vezes injusto, do seio de nossas famílias, da cara pátria, que nos viu nascer, perdendo as nossas propriedades, sofrendo uma morte civil (...) Vamos jurar uma constituição que traz consigo a volta do império das leis, da razão, e o desaparecimento total da injustiça e da tirania"*, discursou o militar, referindo-se ao artigo sétimo do *"Livro da Capa Verde"*, que concedia ao intendente poderes para expulsar e confiscar bens de moradores do Distrito Diamantino.

Surpreendentemente, o Intendente Câmara permaneceu no Morro do Pilar durante todo o mês de abril, enquanto a marcha dos acontecimentos políticos se acelerava por todos os cantos. Depois de raspar os cofres do Banco do Brasil e da Casa da Moeda e de recolher uma fortuna em pedras preciosas do tesouro da Diretoria Diamantina no Rio de Janeiro, Dom João VI embarcara para Lisboa no dia 26 de abril. E na condução dos destinos do Brasil estaria daí em diante o seu filho Dom Pedro como regente.

No Tijuco, porém, a crise continuava sem solução, até que o governador Dom Manoel resolveu agir. Absolutista, era de se esperar que o governador respaldasse os atos do fiscal Luís José, mas ele contemporizou, tirando de cena o tenente-coronel das Milícias Manuel Vieira Couto, a quem ordenou que se apresentasse em Vila Rica. Ao mesmo tempo, determinou que Luís José seguisse para Morro do Pilar, para levar pessoalmente ao sogro a convocação para que retornasse imediatamente ao Tijuco; o que ocorreu em meados de maio, após a prolongada ausência de quase cinco meses.

Segundo Felício dos Santos, o intendente chegou à Quinta dos Caldeirões em 14 de maio, mas dirigiu-se para o arraial apenas no dia 16, depois de ser inteirado pelos seus informantes do estado de ânimo da população. Teria sido recebido com frieza e desconfiança, ao contrário de recepções anteriores, quando era saudado efusivamente. E quatro dias depois, 20 de maio, ele reagiria às manifestações ocorridas em março, mandando afixar na Casa da Intendência e nas igrejas uma dura *"Proclamação ao povo da demarcação diamantina"*, em que as censurava e advertia para os riscos da anarquia, chancelando os atos do genro.

Intitulando-se "pai do povo", o desembargador Manoel Ferreira fazia também referências diretas ao "*Livro da Capa Verde*", proclamando que "*é muito melhor, mais preferível ser governado por uma lei má, do que não ter nenhuma*". E acrescentava:

"*Convenho e gratuitamente concedo que a lei, pela qual se tem governado a demarcação diamantina, é dura, acerba, e mesmo cruel; mas apelando para vossa própria consciência, espero que me façais a justiça de descontar desses cinquenta anos (de vigência do Regimento Diamantino) de sofrimentos, de vexames e de tormentos, quatorze em que vos tenho regido e governado por essa mesma lei, sem faltar ao meu dever; e isto alcançado de vós, perguntar-vos-ei, em que se fundam presentemente vossos receios? Se agora que começam a raiar melhores dias, e aparece um melhor e mais claro horizonte, é que vos falta o sofrimento e a paciência para esperardes da sabedoria das cortes, ou do Nosso Augusto Príncipe Regente o necessário remédio aos nossos males?*"

Com as feridas ainda abertas, a proclamação do intendente não ficaria sem resposta e foi o que aconteceu dois dias depois. No manuscrito "*De um patriota, amigo da verdade, em resposta à proclamação ou aviso ao povo da demarcação diamantina pelo conselheiro Manoel Ferreira da Câmara Bethencourt e Sá*", que circulou no arraial, um bem informado autor anônimo – provavelmente José Vieira Couto, irmão do tenente-coronel – aproveitou para passar a limpo os 14 anos de seu governo, enumerando críticas virulentas à "fábula do ferro" da fábrica do Morro do Pilar e aos gastos excessivos da Real Extração.

Além da morte do garimpeiro Isidoro, o autor do manuscrito acusava-o também da expulsão injusta de moradores da demarcação e relacionava nomes de vítimas do despotismo, ironizando: "*O Regimento (Diamantino) impõe tal pena? Os Intendentes, os Fiscais são executores da Lei, ou são Legisladores?*

Ao contrário de esfriar os ânimos, a proclamação do intendente jogava assim mais lenha na fogueira. Por formação acadêmica e intelectual, nas lides da *Ilustração* portuguesa, o desembargador Manoel

Ferreira via com simpatia o movimento constitucionalista, mas era legalista e resolveu então recorrer ao príncipe regente para elucidar se o artigo 7º do Regimento Diamantino continuava em vigor com o juramento à futura Constituição. Finalmente, a resposta de Dom Pedro chegaria dois meses depois, em 27 de julho:

"*É servido ordenar que Vossa Mercê regule os seus procedimentos pelas bases da constituição portuguesa, já por Sua Alteza Real jurada, e que sucessivamente o vão sendo pelas autoridades e empregados públicos em todas as terras do Brasil, modificando o seu regimento pelo que nelas se determina; não se servindo jamais do arbítrio de sair pessoa alguma para fora do distrito diamantino*", sentenciou o regente, sepultando de uma só vez o odiado artigo do *"Livro da Capa Verde"* que por meio século restringira o acesso à demarcação e permitira aos intendentes, ao seu exclusivo arbítrio, expulsar moradores e confiscar os seus bens.

Quando a resposta chegou, o Intendente Câmara já começava a virar a página da crise que conflagrara o Tijuco. Doze dias antes, em 15 de julho, presidira com êxito a reunião dos eleitores da paróquia na igreja de Santo de Antônio; primeira etapa do processo de escolha indireta dos deputados brasileiros às Cortes Gerais em Lisboa. Apesar da desconfiança dos eleitores, ele vencera as resistências ao presidir os trabalhos com imparcialidade, abrindo mão até da prerrogativa de indicar o secretário da mesa e sequer interferindo na eleição dos nove representantes da paróquia, conta Felício dos Santos.

Com o Tijuco pacificado em torno da causa constitucional, um mês depois era a vez dos seus nove eleitores se reunirem na Vila do Príncipe com os eleitos nas demais paróquias do Serro Frio que, por sua vez, elegeriam os nove representantes da comarca no colégio eleitoral que elegeria os deputados mineiros. Contando então com a maior população do Brasil, Minas Gerais teria direito a 13 das 77 cadeiras brasileiras nas Cortes Gerais, mas a reunião do colégio eleitoral em Vila Rica, em 15 de setembro de 1821, seria marcada pelo embate entre constitucionalistas e absolutistas.

Usando de todos os seus poderes, o governador Dom Manoel de Portugal e Castro adiara a reunião do colégio o quanto pode e havia se preparado para enfrentar a disputa. Em julho, havia reprimido duramente uma rebelião de oficiais do Regimento de Cavalaria simpáticos à causa liberal e atuara às claras para garantir que todos os nove representantes da Comarca de Vila Rica fossem seus partidários.

Antecipando-se às determinações de convocação de juntas para a formação de governos provisórios, como ocorrera na Bahia e no Rio de Janeiro, Dom Manoel instituíra também a sua própria junta, que concluiu que na Capitania das Minas Gerais não seria necessária a instalação de um governo provisório.

Mas às vésperas da reunião do colégio eleitoral em setembro, Vila Rica estava conflagrada por uma nova ordem de Dom Pedro, reiterando que o governo provisório fosse instalado em 1º de outubro, desta vez escolhido por uma junta de eleitores das comarcas e representantes das câmaras das vilas. Nas ruas, os partidários do governador alcunhavam de "provisórios" qualquer um simpático à causa constitucional e o clima de ameaças chegara a tal ponto que os eleitores da Comarca do Serro Frio cogitaram voltar para a Vila do Príncipe, como narrou Felício dos Santos em *"Memórias do Distrito Diamantino"*.

O clima começaria a mudar com a chegada dos eleitores das demais comarcas. Embora os partidários de Dom Manuel continuassem atuando para enfraquecer a reunião, o colégio de eleitores começou no dia 16, elegendo como presidente o padre Belchior Pinheiro de Oliveira, natural do Tijuco, e que um ano depois, em sete de setembro, estaria entre os testemunhos da declaração de Independência do Brasil por Dom Pedro. Nesse mesmo dia 16, começaram as eleições dos 13 deputados mineiros às Cortes Gerais, concluindo-se o processo dois dias depois. Entre os eleitos, a maioria abraçava a causa liberal, apesar das pressões do governador.

Na madrugada do dia 20, a disputa entre absolutistas e constitucionalistas ganharia às ruas de Vila de Rica. Enviado do Rio de

Janeiro secretamente para garantir a instalação do governo provisório em 1º de outubro, o sargento-mor José Maria Pinto Peixoto resolveu antecipar e mobilizou as tropas do Regimento de Cavalaria, ocupando a praça em frente ao Palácio dos Governadores. Enquanto isso, emissários armados batiam às portas das casas onde os eleitores das comarcas estavam hospedados, convocando-os para a reunião da junta que escolheria o governo provisório; o que ocorreu às dez horas na Casa de Câmara e Cadeia.

Habilmente, Dom Manoel conseguiu equilibrar-se, obtendo 54 votos na disputa pela presidência do novo governo, mas não conseguiria impedir o seu primeiro ato: a demolição do "padrão da infâmia", monumento em comemoração à derrota da Conjuração Mineira, erigido 30 anos antes sobre escombros da casa do líder executado, o alferes Joaquim José da Silva Xavier.

Do outro lado do Atlântico, setembro fechava também como um mês decisivo na marcha das revoluções, quando as Cortes Gerais reunidas desde janeiro desnudaram enfim os propósitos de recolonização do Brasil. No dia 29, aprovaram decreto exigindo o imediato retorno do regente Dom Pedro para Portugal, enfeixando assim outras decisões recolonizadoras já tomadas, como a transferência para Lisboa de todas as repartições públicas instaladas no Rio de Janeiro a partir de 1808 e a transformação das diversas regiões brasileiras em províncias ultramarinas portuguesas. E para garantir o cumprimento das duras decisões, as Cortes Gerais aprovaram o envio de novos contingentes para reforçar as tropas estacionadas na Bahia, Pernambuco e Rio de Janeiro.

Àquela altura dos acontecimentos, menos de uma dezena dos 77 deputados brasileiros haviam desembarcado em Lisboa. E, à medida que se cristalizavam as reais intenções portuguesas, não passariam de 46 presentes nas sessões seguintes das Cortes Gerais.

Capital das Minas Gerais, Vila Rica foi palco das disputas entre portugueses e naturais da terra que levaram à Independência do Brasil em 1822. Foto: Fernando Piancastelli

XII

CORTES GERAIS E INDEPENDÊNCIA

Às vésperas do natal de 1821, o Rio de Janeiro foi sacudido pelas notícias dos decretos das Cortes Gerais de Lisboa de recolonização do Brasil. Aprovados em setembro, os decretos chegaram à cidade com dois meses de atraso, em nove de dezembro, surpreendendo o príncipe regente com o ultimato para que retornasse a Portugal. Lojas maçônicas e jornais independentes inspirados no *"Correio Braziliense"* de Hipólito da Costa, como *"Revérbero Constitucional Fluminense"*, *"O Espelho"*, *"Despertador Braziliense"* e *"A Malagueta"*, que haviam florescido no rastro das liberdades de manifestação e de imprensa conquistadas com a revolução liberal do Porto, se encarregariam de espalhar as más novas e logo se organizou um abaixo-assinado pela permanência de Dom Pedro nos trópicos.

Com incríveis oito mil assinaturas, quase 10% da população do Rio de Janeiro à época, o abaixo-assinado foi entregue ao regente no alvorecer do ano de 1822, em nove de janeiro, data que passaria à História como "Dia do Fico". Diante da insubmissão do príncipe ao declarar que permaneceria no Brasil *"para o bem do povo e felicidade geral da nação"*, o general português Jorge de Avilez de Souza Tavares retaliou, mandando a Divisão Auxiliadora ocupar o Morro do Castelo – uma elevação estratégica[1] que dominava o centro da cidade. Na noite do dia 11, oficiais portugueses afrontaram também Dom Pedro na porta do Teatro São João, ameaçando prendê-lo e levá-lo à força para Portugal.

Munida de garruchas, espingardas, facas, pedaços de pau, pedras e de todos os tipos de objetos que pudessem servir como armas, cerca de dez mil pessoas marcharam então de vários pontos da cidade para o Morro do Castelo no dia seguinte, 12 de janeiro, sitiando o general e os dois mil soldados da Divisão Auxiliadora. Avilez foi então obrigado a recuar, retirando-se para a Praia Grande, em Niterói, do outro lado da Baía da Guanabara. Lá, a divisão portuguesa seria outra vez sitiada, agora por forças militares leais à Regência, deixando o Brasil menos de um mês depois, como Dom Pedro ordenara.

Inebriado pelo apoio popular e pela primeira vitória militar, o jovem príncipe agiu rápido e organizou o seu próprio governo três dias depois da retirada das tropas portuguesas do Morro do Castelo. De São Paulo, viria José Bonifácio de Andrada e Silva que, empossado à frente do novo Ministério em 15 de janeiro, tomaria as primeiras medidas para defender a soberania brasileira, entre as quais a que determinava que nenhum decreto das Cortes Gerais de Lisboa fosse aplicado sem a validação pelo governo de Dom Pedro e a que criava o Conselho de Procuradores Gerais das Províncias, a nova denominação dada às capitanias.

Contemporâneo dos dois irmãos Câmara na Universidade de Coimbra na década de 1780, José Bonifácio era também um *ilustrado* natural da ex-colônia com extensa folha de serviços prestados à *coroa* portuguesa. Com Manoel Ferreira, integrara a expedição de estudos científicos pelo Velho Mundo e, ao retornar para Portugal, continuaria a serviço da *coroa*, inclusive como professor em Coimbra. Apenas em 1819, o também "metalurgista de profissão" tivera autorização de

---

[1] O Morro do Castelo foi marco de fundação da cidade no Século XVI, sendo demolido na reforma urbanística de 1922.

Dom João VI para voltar para o Brasil, logo se destacando como vice-presidente do primeiro governo provisório de São Paulo em 1821.

Embora mentor dos atos pioneiros de afirmação da soberania nacional, José Bonifácio não cogitava romper com Portugal, como, aliás, sequer imaginavam também, em janeiro de 1822, o príncipe Dom Pedro e a princesa Leopoldina e tampouco maçons e redatores dos primeiros periódicos brasileiros. Não fosse a escalada dos atos pela recolonização do Brasil e das hostilidades dos deputados portugueses contra os colegas de além-mar nas sessões seguintes das Cortes Gerais, certamente prevaleceria o Reino Unido de Portugal, Brasil e Algarves, sob a guarda de uma monarquia constitucional da dinastia dos Bragança.

No Arraial do Tijuco, essa era também a opinião do Intendente Câmara; o que não impediu, porém, de fazer um duro ataque às Cortes Gerais em uma proclamação aos moradores da demarcação tão logo recebeu as notícias das intenções de recolonização do Brasil. *"Quem tem edificado tantos e tão soberbos palácios, sustentado o mais suntuoso luxo de Portugal, a mais de cem anos, senão o ouro e diamantes, a maior origem de vossos males? Depois de tão pesados e duros sacrifícios, vos pretendem iludir, e reduzir segunda vez ao estado abjeto de míseros colonos"*, ele denunciava, mirando suas críticas também no governo provisório mineiro, a quem acusava de alinhar-se ao partido português por ter deliberado submeter-se apenas às Cortes Gerais em Lisboa e não à Regência no Rio de Janeiro.

O Intendente Câmara não engolira uma das resoluções do primeiro governo provisório mineiro, presidido pelo ex-governador Dom Manuel de Portugal e Castro, que revogava todas as licenças concedidas por ele aos mineradores do Tijuco para lavrar ouro em áreas onde não houvesse ocorrência de diamantes. Diante da queda crescente da produção diamantífera, as licenças de mineração de ouro na demarcação diamantina, autorizadas por Dom João ao seu pedido, tornaram-se alternativa econômica vital para os mineradores desde 1816, até serem abruptamente suspensas pelo governo provisório em fins de 1821, paralisando as lavras.

A polêmica medida de suspensão das licenças seria finalmente revogada pelo segundo governo provisório da agora denominada Província de Minas Gerais em 23 de julho de 1822, não sem antes ser utilizada contra o próprio Intendente Câmara. Embora ele tenha protestado e recorrido reiteradas vezes contra a decisão do governo presidido por Dom Manuel, seus opositores no arraial, entre os quais os eternos desafetos, os irmãos Viera Couto, acusavam-no pela interdição das lavras, recorrendo até mesmo ao príncipe regente e ao ministro José Bonifácio de Andrada no Rio de Janeiro.

Seja como for, Dom Pedro estava de olhos bens abertos quanto às artimanhas e insubordinação à sua autoridade do governo provisório instalado em Vila Rica. Tanto que logo após rechaçar a esquadra portuguesa que viera substituir as tropas do general Avilez, obrigando-a também a retornar para Lisboa, o príncipe partiu para Minas Gerais em 25 de março, deixando assinado decreto dissolvendo o primeiro governo provisório da província. De José Bonifácio, o regente recebeu antes de viajar o conselho para não confiar nos mineiros que, segundo ele, eram conhecidos como dissimulados e trapaceiros, principalmente quando cobiçavam mercês e cargos públicos.

Mas o ministro não tinha razão. Um mês antes, em 25 de fevereiro, 11 dos 13 deputados mineiros haviam comunicado ao governo provisório a decisão de adiar a viagem para Portugal até que fossem revogados os decretos de das Cortes Gerais de setembro de 1821. Da Vila de Caeté, o irmão mais velho do Intendente Câmara, o já sexagenário coronel José de Sá Accioli, partira para o Arraial de Santa Bárbara em fins de março, onde se reuniu ao seu regimento de cavalaria e proclamou integral apoio à Regência de Dom Pedro, decidindo marchar com as tropas sob o seu comando para Vila Rica, para subjugar o governo provisório.

Pelo descompasso entre a velocidade crescente dos acontecimentos políticos e as longas distâncias em um tempo em que as notícias circulavam por terra a cavalo, José de Sá Accioli apenas soube da viagem de Dom Pedro a Minas Gerais no início de abril, quando ele já se aproximava de Vila Rica. O velho coronel decidiu então despachar a galope o seu filho homônimo para a então capital mineira, para *"beijar a mão de Vossa Alteza Real e receber as ordens que bem convier"*, ele escreveu na carta enviada ao regente.

Sem saber da presença do príncipe em terras mineiras, é também do início de abril de 1822 a decisão do desembargador Manuel Ferreira de deixar a Intendência Geral dos Diamantes. Há tempos em rota de colisão com o governo e particularmente com o seu presidente, Dom Manuel, ele despachara para Vila Rica, no dia seis, o seu pedido de demissão.

Em um texto lacônico, de poucas linhas, ele alegava razões de saúde, comprovadas por atestado médico, assinado pelo professor de curativos, José de Barros e Souza, que diagnosticava que *"sofria de graves ataques espasmódicos, por atonia do sistema nervoso, e estas lhe produzem afecções do sistema gástrico, que se anunciam por acessos biliosos, seguidos de febre (...) que o impossibilitam de continuar a vida pública"*. O atestado tinha data de 27 de outubro de 1821; o que revela que seis meses antes da formalização do pedido ele já cogitava demitir-se.

Mas em outra correspondência – esta destinada a Dom Pedro no Rio de Janeiro, também datada no Tijuco em seis de abril –, o intendente demissionário citaria superficialmente os problemas de saúde, fazendo, sem economia de palavras, a retrospectiva de seus 32 anos de serviços prestados à *coroa*, desde o reinado de sua avó, Maria I, passando pela Regência até o reinado do pai, Dom João VI. Entre as causas da demissão, enumerava divergências e embates com o primeiro governo provisório, *"a quem os eleitores de comarcas, com o povo de Vila Rica, outorgaram poderes para tudo; e que a meu respeito e desta administração se arrogou os que ele quis"*.

Dom Pedro apenas receberia a carta e o pedido de demissão do intendente quando retornou ao Rio de Janeiro em fins de abril, após a bem-sucedida jornada pela província mineira. No dia seis, data das correspondências do intendente, ele ainda se encontrava no Capão do Lana, quase às portas de Vila Rica, depois de ser recebido em festas e aclamado como legítimo regente do Brasil em todas as vilas e arraiais que visitara até ali. Escoltado por milícias e voluntários armados, o príncipe entraria na capital mineira três dias depois também em triunfo, depois de obrigar a que o governo provisório reconhecesse a sua autoridade.

Um dos chefes mineiros suspeitos de insubmissão, o futuro general José Maria Pinto Peixoto, que viera do Rio de Janeiro para Vila Rica no ano anterior com a missão de garantir a formação do primeiro governo provisório, recebeu o príncipe de joelhos, tornando-se a partir daí um dos seus mais fiéis aliados. Já o presidente Dom Manuel de Portugal e Castro encontrava-se fora da capital e passou ileso, mas outro acusado de insubordinação, o juiz de fora Cassiano Esperidião de Melo Matos, não teve tanta sorte: seria preso e enviado para o Rio de Janeiro.

Festejado e aclamado durante a estadia de mais de uma semana em Ouro Preto, Dom Pedro aproveitou para dispensar funcionários do governo suspeitos de fidelidade à causa das Cortes Gerais. Receberia também apoios de todas as regiões, como as do coronel José Accioli e do irmão intendente, que enviara às pressas do Tijuco o oficial artista da Real Extração, Caetano Luis de Miranda, ao saber que o príncipe encontrava-se em Minas. E antes de retornar para o Rio de Janeiro em 20 de abril, Dom Pedro ordenaria a realização de nova reunião do colégio dos eleitores das comarcas para a formação do segundo governo provisório, bem como para a escolha de representantes da província no recém-criado Conselho de Procuradores.

Na eleição de novos membros do governo, realizada em Vila Rica um mês depois, entre os dias 20 e 23 de maio, Dom Manuel de Portugal e Castro surpreenderia outra vez. Obtendo 154 votos no segundo turno, o ex-governador seria eleito novamente presidente do segundo governo provisório. Porém, não conquistara a maioria entre os sete membros eleitos e o seu prestígio declinava proporcionalmente à radicalização das Cortes Gerais em Lisboa, até ter de deixar o Brasil logo após a Independência, declarando, ao embarcar para a capital lusa, que o seu partido estava inscrito no sobrenome, Portugal.

Mas o êxito da incursão do príncipe regente pela província se expressaria amplamente na escolha dos representantes mineiros para o Conselho de Procuradores Gerais. E o desembargador Manuel Ferreira, cuja demissão da Intendência fora aceita pelo governo provisório em 18 de maio, seria então eleito um dos três procuradores gerais cinco dias depois, ao lado de outros expoentes do partido brasileiro na província: o também ex-aluno da Universidade de Coimbra, Manuel Jacinto Nogueira da Gama, e o desembargador José de Oliveira Pinto Botelho Mosqueira.

Com status de Conselho de Estado, o órgão criado por José Bonifácio tinha como atribuição o aconselhamento do regente Dom Pedro e reunia ministros, secretários e os procuradores gerais representantes das províncias para analisar temas cruciais, desde a validação dos decretos das Cortes Gerais, passando por projetos de reforma das leis e da administração pública até medidas e planos a serem adotados para o desenvolvimento do Reino Unido, do Brasil e de suas províncias. Assim, como procurador eleito, o intendente demissionário abria caminhos para entrar no olho do furacão que revirava a ex-colônia.

De fato, em fins de julho de 1822 ele seria convocado ao Rio de Janeiro pelo ministro José Bonifácio, sendo o seu genro, o fiscal Luís José Fernandes de Oliveira, nomeado como interino da Intendência Geral dos Diamantes. Segundo Joaquim Felício dos Santos em *Memórias do Distrito Diamantino*", o desembargador Manoel Ferreira partiu do arraial sob forte comoção popular, ao contrário do clima de desconfianças que cercara a sua chegada da fábrica Morro do Pilar em maio do ano anterior, após os moradores do Tijuco terem jurado as bases da Constituição à sua revelia.

No dia da partida, moradores do arraial e de outros povoados da demarcação prestaram as suas últimas homenagens ao intendente que governara o Distrito Diamantino por quase 15 anos. Reverenciado como pai e protetor dos pobres, o ex-intendente, então com 58 anos, seguia abatido, olhar triste e saudoso, enquanto sua esposa Dona Matilde e filhas choravam copiosamente, relata Felício dos Santos. Por um bom tempo, um séquito de cavaleiros o acompanharia pelos caminhos da Estrada Real que o levariam ao Rio de Janeiro.

Embora tenha tomado posse no Conselho de Procuradores Gerais apenas em seis de novembro de 1822, o desembargador Manuel Ferreira acompanhava com apreensão a marcha dos últimos acontecimentos que levaria à Independência do Brasil. Três meses antes do sete de setembro, o Conselho de Procuradores havia requerido ao imperador a convocação de uma Assembleia Geral Constituinte e Legislativa brasileira, à revelia das Cortes Gerais em Lisboa. E em agosto, Dom Pedro enviaria uma declaração às *coroas* européias e ao governo dos Estados Unidos em que anunciava que o país seguiria caminhos próprios e independentes de Portugal.

Mas a gota d'água da separação viria mesmo em setembro. Reunido no Rio de Janeiro em sessão extraordinária convocada pela princesa Leopoldina, o conselho inteirou-se no dia dois dos decretos das Cortes Gerais que anulavam todos os atos do marido, entre os quais o que instituíra o próprio órgão. Cinco dias depois, mensageiros exaustos alcançavam o príncipe às margens do riacho do Ipiranga, que hoje dá nome a um bairro da cidade de São Paulo, com as más novas e os conselhos de Dona Leopoldina e de José Bonifácio pela separação definitiva do Brasil de Portugal, consagrada por ele finalmente com o famoso grito "independência ou morte".

Proclamada a ruptura, os poderes do futuro imperador Dom Pedro I, cuja aclamação estava marcada para 12 de outubro, dividiriam agora lojas maçônicas e jornais independentes. Em mensagem às câmaras das vilas da província fluminense, o presidente do Senado da Câmara do Rio de Janeiro, o pedreiro livre José Clemente Pereira, se antecipara, informando que o príncipe seria aclamado imperador, mas juraria também, antecipadamente, a futura Carta Magna brasileira, a ser elaborada pela Assembléia Constituinte.

Ferrenho adversário dos que denominava pejorativamente de "constitucionalistas", o ministro José Bonifácio, que fora contrário à proposta de convocação da Constituinte, defendia que a Carta Magna fosse concedida por Dom Pedro e reagiu com virulência à mensagem da câmara carioca, ameaçando prender o colega maçom José Clemente. Dois dias antes da aclamação, a ameaça do todo-poderoso ministro tornou-se realidade: vereadores e políticos que se dirigiam à câmara, para deliberar se o futuro imperador deveria ou não fazer juramento prévio à Constituição, foram atacados violentamente nas ruas.

Na sequência, o ministro José Bonifácio convenceu Dom Pedro a mandar fechar as lojas maçônicas adversárias, enquanto a polícia proibia a circulação do *"Correio do Rio de Janeiro"*, jornal que já na sua primeira edição, que circulou em abril de 1922, lançara manifesto e abaixo-assinado pela convocação da Assembléia Constituinte, recolhendo mais de seis mil assinaturas. Mas poucos dias após a sua aclamação como primeiro imperador do Brasil, Dom Pedro recuaria, levando à renúncia do próprio ministro.

Para a historiadora Isabel Lustosa em *"O nascimento da imprensa brasileira"*, livro cuja primeira edição é de 2003, o ministro José Bonifácio fez o que o então presidente da República, Jânio Quadros, tentou fazer, mas sem sucesso, 140 anos depois: renunciara na expectativa de voltar ainda mais forte e com poderes ilimitados ao ministério de Dom Pedro; o que de fato ocorreria três dias após a renúncia ensaiada.

De volta ao ex-paço Real, agora Paço Imperial, José Bonifácio logo tratou de abrir devassa contra os adversários "constitucionalistas", sob a acusação de que pretendiam instalar uma República no Brasil. Entre os autores do manifesto pela convocação da Constituinte, dois conseguiriam fugir e três foram deportados, entre os quais o presidente da câmara do Rio de Janeiro, José Clemente. Além do *"Correio do Rio de Janeiro"*, publicações ligadas ao grupo adversário do ministro foram também proibidas, entre as quais o *"Revérbero Constitucional Fluminense"*.

Na Nação que nascia entre conflitos e sob a égide do Império, alegorias, ritos, emblemas e brasões forjavam as bases da pretendida identidade nacional, amalgamando a simbologia das monarquias européias às cores tropicais. Fora assim nos festejos da aclamação de Dom Pedro como imperador em 12 de outubro, e seria assim também, mas com mais esplendor, nos atos solenes, religiosos e profanos da sua coroação no Rio de Janeiro em primeiro de dezembro de 1822 – data de aniversário da restauração portuguesa em 1640 e do início dos reinados da dinastia dos Bragança, da qual ele era herdeiro.

Aliado de José Bonifácio, o ex-intendente dos Diamantes ocuparia papel de destaque nos atos de coroação do imperador. Como deixou registrado em seu pedido de mercê pecuniária em 1829, coube a ele a honra de carregar o manto imperial no dia solene. De veludo verde forrado com cetim amarelo, o manto levado pelo agora conselheiro Manuel Ferreira, e com o qual Dom Pedro I se cobriu, expressava todo simbolismo pretendido com a coroação: o verde celebrava a cor da dinastia dos Bragança, mas também das florestas tropicais, enquanto que o amarelo enaltecia tanto a cor da casa imperial austríaca, da imperatriz consorte Leopoldina, quanto as riquezas da nova Nação.

Ao esplendor dos atos da coroação celebrados na igreja e no Teatro São João, contrapunha-se, porém, uma dura realidade. Na virada de 1822, o Brasil não passava de um projeto de Nação. Nas viagens a Minas e a São Paulo, Dom Pedro havia forjado uma base leal ao seu governo e à Independência, que se completava com o Rio de Janeiro e se estendia às províncias do Sul, exceto à Cisplatina, hoje Uruguai. Pernambuco também jurara adesão em dezembro daquele ano, mas lá os republicanos e federalistas eram fortes – como se veria com o movimento separatista protagonizado pela Confederação do Equador, duramente reprimido em 1824.

Goiás, Mato Grosso, Rio Grande do Norte, Sergipe e Alagoas também aderiram nos primeiros meses de 1823, mas as províncias do Pará, Maranhão, Piauí e Ceará continuavam leais às Cortes Gerais em Lisboa, bem como a estratégica Bahia, cuja capital, Salvador, serviria então como cabeça de ponte da resistência portuguesa. Ao contrário do general Avilez no Rio de Janeiro, o comandante das tropas aquarteladas na Bahia, general Ignácio Luís Bandeira de Melo, não se curvara ao ultimato de Dom Pedro para deixar o Brasil, mantendo total controle sobre a cidade.

No recôncavo baiano, as vilas de Santo Amaro da Purificação e de Nossa Senhora do Porto de Cachoeira – onde o filho do Intendente Câmara, Augusto Ricardo, dirigia os negócios da família no Engenho da Ponta – seriam as primeiras a se rebelar ao comando de Bandeira de Melo, jurando fidelidade a Dom Pedro em junho de 1822. A partir delas, o movimento se expandiria para outras vilas do interior da Bahia, até isolar definitivamente a capital em maio de 1823, com o apoio de destacamentos despachados do Rio de Janeiro e de Minas Gerais, entre os quais 385 soldados e milicianos sob o comando de quatro filhos[2] do coronel José de Sá Accioli.

Vencidas pelo longo sítio, as tropas portugueses finalmente seriam obrigadas a abandonar Salvador em dois de julho de 1823.

---

2   Um deles, Guilherme Frederico de Sá, perderia a vida na batalha de Pirajá.

De volta à Bahia em 1824, Manuel Ferreira da Câmara fixou domicílio eleitoral na Vila de Cachoeira, situada no recôncavo baiano, às margens do rio Paraguaçu.
Foto: Paula Huven

XIII

CONSTITUIÇÃO SEM CONSTITUINTE

Enquanto as tropas improvisadas do nascente exército imperial lutavam para subjugar as províncias ainda leais a Portugal, a Assembléia Geral Constituinte e Legislativa tornava-se palco da batalha política entre absolutistas, monarquistas constitucionais, republicanos e federalistas no Rio de Janeiro. Eleito pelos representantes das comarcas mineiras, o ex-procurador Manuel Ferreira integraria a assembleia de 90 deputados escolhidos por representantes de comarcas entre os "homens bons" – brancos alfabetizados e proprietários de terras – de cada província brasileira e que seria instalada por Dom Pedro I na tarde de três de maio de 1823.

Em demonstração de reverência, o imperador deixou a espada e o cetro na entrada do prédio da antiga cadeia pública, hoje Palácio Tiradentes, onde se realizariam as sessões, e ao discursar, relevou também outro rito cerimonial, dirigindo-se "descoberto" aos deputados, quer dizer, sem coroa ou chapéu. Nas palavras, porém, Dom Pedro I seria incisivo, deixando uma advertência velada aos constituintes: *"como imperador constitucional, e mui principalmente como defensor perpétuo deste império, disse ao povo no dia 1º de Dezembro do ano próximo passado, em que fui coroado, e sagrado, que com minha espada defenderia a pátria, a nação e a constituição, se fosse digna do Brasil e de mim".*

Seis meses depois, a advertência do imperador – "*se fosse digna do Brasil e de mim*" – na abertura da Constituinte ganhou as formas de um contingente militar cercando o prédio e de um decreto ordenando a sua dissolução. Mas até a "Noite da Agonia" – a sessão permanente de 11 para 12 de novembro que antecedeu a sua derrocada –, a assembleia seria palco do embate entre as novas forças políticas que emergiam no país. Nela, José Bonifácio, que a presidiu em junho de 1823, veria esvair o seu poder, enfrentando, de um lado, os constitucionalistas, que reprimira duramente na devassa do ano anterior, e, de outro, grandes proprietários, muitos portugueses, descontentes com suas propostas de revisão da distribuição de terras e de abolição gradual da escravidão.

Tanto a demissão do todo-poderoso ministro em 16 de julho quanto a dissolução da Constituinte, em novembro de 1823, teriam a imprensa como estopim. No primeiro caso, o espancamento do editor do jornal "*A Malagueta*", Luís Augusto May, cuja violência foi atribuída a José Bonifácio, bem como a absolvição pela assembleia dos réus da devassa ordenada por ele em 1822. No caso da dissolução da Constituinte, os artigos publicados pelos jornais "*Sentinela da Liberdade à Beira do Mar da Praia Grande*" e "*Tamoio*" – este fundado pelo ex-ministro logo após deixar o governo – com ataques aos portugueses que haviam ficado no Brasil, contra os quais Dom Pedro I exigiu que a assembleia tomasse providências.

Na "Noite da Agonia", os deputados, divididos, varariam a madrugada discutindo as propostas de punição e banimento dos responsáveis pelos artigos, cuja autoria era atribuída ao ex-ministro e aos seus dois irmãos, também constituintes, Martim Francisco e Antônio Carlos. Na manhã do dia 12, ecoaram vozes mais exaltadas pedindo que a assembleia declarasse o imperador fora da lei; o que o levou a decretar a sua dissolução, sob a justificativa de que ela "*perjurara ao seu solene juramento de salvar o Brasil*". Quatorze deputados seriam então presos, entre os quais os três Andradas e o padre diamantinense confidente de Dom Pedro no Ipiranga, Belchior Pinheiro de Oliveira.

Quando José Bonifácio demitiu-se do Ministério em julho de 1823, o deputado Manuel Ferreira presidia a Assembleia Constituinte, mas não acompanharia o ex-colega na Universidade de Coimbra na sua escalada de críticas aos portugueses e ao imperador. Sempre fora de perfil mais técnico do que político e assim se comportou na assembleia, seja na sua presidência e na elaboração do projeto da Constituição, ao integrar a comissão de redação ao lado de José Bonifácio, seja em proposições específicas, como a de criação de uma Escola de Minas e Metalurgia[1] no Brasil.

Sendo a família tradicionalmente proprietária de grandes fazendas e engenhos de cana-de-açúcar movidos pelo trabalho escravo, o deputado Manuel Ferreira tampouco concordava com as ideias abolicionistas ou de revisão das concessões de sesmarias de terra distribuídas pela *coroa* desde os tempos coloniais, defendidas pelo ex-ministro. Assim, enquanto José Bonifácio e os irmãos seguiam direto do presídio no Rio de Janeiro para o exílio na França depois de dissolvida a assembleia, o ex-deputado Manuel Ferreira embarcava para a Bahia, onde se reuniria à família em fins de 1823.

Com os principais opositores no exílio, quatro meses depois de dissolver a assembleia Dom Pedro I já outorgava a primeira Constituição brasileira, jurada por ele na catedral do Rio de Janeiro em 25 de março de 1824. Elaborada às pressas por uma comissão de notáveis que integravam o Conselho de Estado,[2] a maioria de egressos da Universidade de Coimbra, a Carta Magna jogava uma pá de cal na polêmica sobre as atribuições constitucionais do imperador e que

---

1 A sua proposta da criação de uma escola de Mineração e Metalurgia apenas seria concretizada em 1876, com a fundação da Escola de Minas de Ouro Preto.
2 O órgão fora criado pelo imperador logo após a dissolução da Constituinte.

dividira a assembleia, instituindo um Poder Moderador, acima dos demais, que vigoraria até a proclamação da República em 1889.

De uso exclusivo do imperador, que era inimputável e nem respondia judicialmente por seus atos no governo, o Poder Moderador não só estava acima, como também se sobrepunha ao Executivo, ao Judiciário, ao Legislativo e até mesmo à Igreja Católica. Por ele, ao soberano ficava assegurado o direito de nomear e demitir livremente presidentes de províncias, membros do Judiciário, do Senado vitalício e do Conselho de Estado, e autoridades eclesiásticas, entre outras prerrogativas.

Embora centralizasse todos os poderes nas mãos do imperador, a Constituição de 1824 trazia vieses liberalizantes para aqueles tempos, permitindo, por exemplo, a liberdade de culto religioso e o direito de voto aos analfabetos, homens e libertos, desde que ganhassem pelo menos 200 mil réis por ano. As eleições para a Câmara e o Senado vitalício seriam indiretas, em dois turnos: primeiro, escolhiam-se eleitores a cada cem domicílios das comarcas e estes, por sua vez, elegiam os deputados e senadores das províncias, cabendo ao imperador escolher os de sua preferência na lista dos senadores mais votados.

Apesar dos lampejos liberais, a primeira Constituição brasileira não reservou um artigo sequer para tratar do tema da escravidão – abolida apenas 64 anos depois, um ano antes da derrocada do Império -, exceto pelo inciso XIX do artigo 179, que ditava: *"desde já ficam abolidos os açoites, a tortura, a marca de ferro quente, e todas as mais penas cruéis"*. Tampouco a Carta Magna baixada por Dom Pedro I tratou do tema da propriedade da terra, como propusera o ex-ministro José Bonifácio e os seus aliados na Assembleia Constituinte, e que também desagradara a elite e os grandes proprietários rurais.

Mesmo tendo sido convidado por Dom Pedro I a integrar o Conselho de Estado, o ex-deputado Manuel Ferreira descartara retornar à cena política no Rio de Janeiro após a dissolução da Constituinte, alegando razões de saúde e os seus negócios na Bahia, sobretudo o

Engenho da Ponta. Situado no atual distrito de Santiago de Iguape do município de Cachoeira e próximo à sede da vila, o engenho era então um dos mais prósperos do recôncavo baiano, produzindo anualmente dez mil arrobas de açúcar com o trabalho de mais de 200 escravos.

No livro "*Viagem pelo Brasil*", os naturalistas bávaros Spix e Martius deixaram um vívido relato da visita que fizeram ao engenho em 1818, quando Manuel Ferreira ainda era intendente dos Diamantes. "*O rio (Paraguaçu), perto do Engenho da Ponta, duas léguas abaixo de Cachoeira, alarga-se, formando como que uma lagoa, na qual inúmeras canoas de pesca e de carga se movimentam em todas as direções, indicando quanto é ativo o comércio nessa aprazível região. (...) Dois moinhos, um deles puxado a bois e o outro movido a água, moem não só a cana da própria fazenda, como também a de muitos fazendeiros vizinhos, que não possuem engenhos de moer*", eles escreveram após visitar a fazenda, à época sob os cuidados do filho do intendente, Augusto Ricardo Ferreira da Câmara.

Spix e Martius não pouparam também elogios à Vila de Cachoeira que, a partir de 1824, tornou-se domicílio eleitoral do desembargador Manuel Ferreira. "*O aspecto desta vila, de belos edifícios e movimentada pela atividade européia, foi um prazer para nós, depois da longa temporada no sertão. Ela reclina-se ao sopé de outeiros virentes plantados de canaviais e fumo e é, sem dúvida, não só uma das vilas mais ricas e populosas, como também uma das mais aprazíveis de todo o Brasil*", registraram os dois bávaros, estimando a população de Cachoeira à época em mais de dez mil pessoas, superior à de São Paulo.

Apesar dos problemas de saúde e dos negócios na Bahia, o ex-intendente dos Diamantes acabaria sendo picado novamente pela mosca azul da política, após Dom Pedro I jurar a Constituição em 1824 e convocar eleições gerais para a escolha dos deputados e senadores vitalícios do Império. Assim, instigado pelos amigos na *corte* no Rio de Janeiro, ele apresentaria a sua candidatura a uma cadeira do

Senado, concorrendo tanto pela província da Bahia quanto pela de Minas Gerais, como era comum naqueles tempos.

Aos 60 anos, o ex-constituinte Manuel Ferreira seria eleito pelas duas províncias, mas optou para que o seu nome fosse indicado ao imperador na lista tríplice de Minas Gerais, onde fora o mais votado nas eleições realizadas nas comarcas em junho de 1824, quando foram escolhidos também os 20 deputados mineiros. Na contabilização dos votos para o Senado, ocorrida em Ouro Preto em outubro, ele somaria 535, figurando em primeiro lugar na lista dos 30 candidatos mais votados que seriam indicados[3] para escolha por Dom Pedro I.

A Câmara dos Deputados e o Senado iniciariam as atividades em janeiro de 1826, mas Manuel Ferreira tomaria posse apenas em abril do ano seguinte. Apesar de ter sido campeão de votos, ele foi preterido por Dom Pedro I, sendo o sexto senador indicado na lista dos dez a que a província tinha direito. Tampouco fora distinguido pelo imperador com um título nobiliárquico de barão, visconde ou marquês. Recebera apenas a Ordem Imperial do Cruzeiro e a de Cristo, enquanto que nada menos do que 21 colegas senadores haviam sido agraciados com honras de "grandes" do Império.

Em 1827, quando finalmente o senador natural de Itacambira tomou posse na Câmara Alta no Rio de Janeiro, Dom Pedro I já enfrentava outra vez mares turbulentos. Em agosto de 1826, ele perdera o pai, Dom João VI, sendo a súbita morte do rei português atribuída a uma indigestão após um fausto banquete. À boca pequena na *corte* lisboeta, contudo, ventilava-se que Dom João VI havia sido envenenado a mando da própria esposa, a rainha Dona Carlota Joaquina.

Quatro meses após a morte do rei, a imperatriz Dona Leopoldina também faleceria no Rio de Janeiro. Embora as complicações no parto fossem apontadas como causa da morte prematura, a própria impe-

---

3   Três candidatos para cada uma das dez cadeiras a que a Província de Minas Gerais tinha direito no Senado do Império.

ratriz deixara registrado em cartas ao pai e à irmã todo o martírio e desgosto que sofrera em razão do público romance que o marido imperador mantinha escandalosamente com Domitila de Castro Canto e Melo, a Marquesa de Santos, desde os tempos da sua viagem a São Paulo em 1822.

Herdeiro natural do trono português, Dom Pedro I passaria então a dividir-se entre as atribuições do governo no Brasil e a luta pela sucessão em Portugal, onde a rainha-mãe nunca escondera as suas preferências pelo filho mais novo, Dom Miguel, que finalmente chegaria ao poder em 1828. Além disso, casar-se novamente com uma princesa européia tornara-se também uma obsessão do jovem viúvo que via, no entanto, o seu desejo esbarrar na má-fama internacional do seu relacionamento com Domitila de Castro.

Depois de constrangedoras negativas de diversas *cortes* européias, finalmente os diplomatas brasileiros conseguiriam uma noiva para Dom Pedro I na pequena Baviera: a princesa Amélia de Leuchtenberg, de apenas 17 anos, que chegaria ao Brasil em outubro de 1829. E foi então a vez da Marquesa de Santos sentir na pele o descaso do imperador: diante da sua recusa em deixar o Rio de Janeiro, ele simplesmente a expulsou e baniu da *corte* dois meses antes da chegada da futura imperatriz.

No Parlamento, cujos trabalhos começaram incipientes em 1826, as reviravoltas da vida pessoal do imperador e a sua fixação na sucessão portuguesa radicalizavam as críticas ao caráter absolutista do seu governo, em meio às discussões sobre o novo ordenamento legal do país. Membro das comissões de Indústria, Artes, Comércio e Agricultura, e da Fazenda, o senador Manuel Ferreira manteria, no entanto, uma atuação moderada, mais técnica do que política. Na sessão do dia dez de maio de 1827, por exemplo, ele apresentou a proposta que estabelecia o subsolo como propriedade da Nação.

"*É patrimônio da Nação tudo quanto a terra encerra de precioso, e ninguém o poderá extrair sem seu expresso consentimento, e debaixo das condições que a Lei determinar*", propôs o senador, sendo esse princípio ratificado em todas as constituições brasileiras seguintes.

Mas o senador Manuel Ferreira exerceria o mandato no Rio de Janeiro por apenas três anos, entre 1827 e 1829. Alegando tanto a idade avançada quanto "*moléstias crônicas adquiridas no serviço público*", ele formalizaria em outubro de 1830 o seu pedido de demissão do Senado, não mais retornando à *corte*. Assim, foi como um observador privilegiado, mas à distância, que o ex-intendente dos Diamantes acompanhou os momentos finais de Dom Pedro I como primeiro imperador do Brasil.

A crise terminal estourou exatamente em novembro de 1830, tendo mais uma vez a imprensa no centro: agora, o assassinato do jornalista italiano Líbero Badaró, em São Paulo. Em seus artigos no jornal "*Observador Constitucional*", Líbero Badaró não media palavras em defesa da liberdade dos brasileiros e do rompimento imediato com qualquer governante português, incluindo Dom Pedro I, sendo o mando do crime logo atribuído a um amigo e protegido do imperador, o ouvidor Cândido Japiaçu.

No Rio de Janeiro, os deputados liberais reagiram ao assassinato com ataques ao governo cada vez mais virulentos, encerrando as sessões legislativas do ano de 1830 com a aprovação de exigências de reformas da Constituição. Temendo o crescente isolamento, Dom Pedro I partiu para Minas Gerais no início do novo ano, na esperança de reconquistar o apoio da maior província do Império, mas ao contrário da sua viagem triunfal meses antes da Independência, em 1822, ele seria agora recebido com desconfiança e frieza pelos mineiros.

Não bastasse isso, ao retornar ao Rio de Janeiro novas turbulências aguardavam o imperador: a capital estava conflagrada pelos conflitos entre comerciantes portugueses, seus partidários, e brasileiros liberais e de oposição. Nos confrontos, que passaram à História com o curioso nome de "Noite das Garrafadas", mas que se estenderam, na verdade, de 11 a 16 de março, as ruas da cidade viraram praças de guerra. Novos tumultos e embates se repetiriam no aniversário da Constituição, 25, até que no dia seis de abril uma multidão se espalhou pelas ruas da capital, gritando vivas à Constituição e à Independência do Brasil e morte ao imperador.

Acuado, Dom Pedro I encontraria na abdicação do trono em favor do seu filho, Pedro, de apenas cinco anos, a salvação da dinastia dos Bragança nos trópicos. E antes de embarcar para a Europa – onde dois anos depois, em 1834, reconquistaria do irmão, Dom Miguel, em uma guerra civil, outra coroa, a portuguesa, para a filha Maria da Glória –, ele ainda indicaria como tutor do menino o velho colaborador e depois desafeto, José Bonifácio de Andrada, que havia retornado ao Brasil depois de cinco anos de exílio na França.

Na Vila de Cachoeira, o conflito que levara à abdicação do imperador teria a sua própria versão cabocla um ano depois. No dia 20 de fevereiro de 1832, a Câmara Municipal rebelou-se contra o *"partido ruinoso do Rio de Janeiro"*, proclamando a criação de um sistema de governo federativo das províncias brasileiras. Com o apoio das tropas e da população reunidas no paço da câmara, elegeu-se um governo provisório da vila, figurando entre os cinco indicados o nome do filho do desembargador Manuel Ferreira, Augusto Ricardo.

Liderada pelo capitão Bernardo Miguel Guanaes Mineiro, a revolução republicana da Vila de Cachoeira duraria menos de uma semana. Em sessão extraordinária, realizada no dia 26, a Câmara Municipal, curiosamente com o apoio das mesmas tropas e dos cachoeiranos, comemorava agora os *"benefícios que a Providência faz de livrá-los da guerra civil a que estavam expostos pela facção revoltante, que ocupou esta vila"*, proclamando a sua lealdade ao menino Dom Pedro II e à Constituição do Império.

Conforme a ata da sessão da câmara de 20 de fevereiro, preservada pela Prefeitura de Cachoeira, Augusto Ricardo não se encontrava na vila naquele dia. O seu nome não consta também como signatário na ata da sessão do dia 26; o que torna difícil inferir qual era o seu real partido. Mas o desembargador Manuel Ferreira, sempre legalista e moderado, certamente não aprovaria a participação do filho na revolução abortada.

Seja como for, as atenções do velho *ilustrado* formado pela Universidade de Coimbra, "metalurgista de profissão" e ex-intendente dos Diamantes estavam voltadas para a Sociedade de Agricultura, Comércio e Indústria, que fundara na Bahia naquele ano de 1832 e da qual foi o primeiro presidente. Instalada no Convento de São Francisco em Salvador, a entidade produziria a primeira publicação de agricultura do Brasil, o *"Jornal da Sociedade de Agricultura, Comércio e Indústria da Província da Bahia"*, que circulou entre 1832 e 1836.

A sociedade chegou a contar com quase 300 associados e o seu jornal refletia os debates travados entre a elite agrária para a modernização da Agricultura, publicando artigos sobre hortos botânicos e bibliotecas agrárias; a introdução de novas culturas e raças; a educação e o envio de estudantes para a Europa; estatísticas de imigração e colonização; entre outros temas. Por meio do periódico e de seus programas, a sociedade introduziria nas fazendas baianas novas culturas, como da árvore do pão e da araruta – esta última levada pelo ex-deputado Manuel Ferreira em 1823, após a dissolução da Constituinte.

Criada na década da proibição internacional do tráfico de escravos, a sociedade não poderia deixar de espelhar também as apreensões da elite com o fim da escravidão, os levantes de escravos que assolavam o recôncavo baiano e a "Revolta dos Malés" – esta ocorrida em Salvador em janeiro de 1835.[4] Entre os deveres dos associados, a

---

4   Liderada por escravos africanos de origem islâmica, que pretendiam tomar o governo e confiscar os bens dos brancos e mulatos, a Revolta dos Malés seria rapidamente reprimida pelas autoridades, com a morte de 70 revoltosos.

sociedade enumerava, por exemplo, o bom tratamento aos seus escravos e a promoção da educação cristã e do casamento entre eles. Paralelamente, defendia a introdução de mão-de-obra livre e assalariada nas fazendas, para suprir *"o vazio que a proibição do recrutamento africano deve, anualmente, deixar nos trabalhos no campo"*.

Última empreitada do Intendente Câmara, a Sociedade de Agricultura, Comércio e Indústria da Província da Bahia não sobreviveria à morte do seu fundador, aos 71 anos, ocorrida na capital baiana em 13 de dezembro de 1835. A pioneira sociedade desapareceria no ano seguinte, mas a ata de uma de suas derradeiras assembleias, publicada na edição do jornal de 15 de fevereiro de 1836, registrou o réquiem à sua memória nas palavras do conselheiro Miguel Calmon Du Pin e Almeida:

"Seus feitos como cidadão prestante, no período de 40 anos de vida pública, o recomendam à memória da pátria agradecida; e os seus esforços para o desejado melhoramento de nossa agricultura e indústria, o recomendam à nossa justa saudade. Honremos, pois, as cinzas de nosso primeiro presidente".

O Intendente Câmara. Autor: desconhecido. Fonte: Arquivo Usiminas

TEMPOS DO INTENDENTE CÂMARA

1750 – Com a morte de Dom João V, o filho, Dom José I, é coroado rei de Portugal, e nomeia como primeiro-ministro Sebastião José de Carvalho e Melo, futuro Marquês de Pombal.

1755 – Terremoto em Lisboa provoca a morte de mais de 30 mil pessoas.

1759 – Decretada pela *coroa* a expulsão dos jesuítas de Portugal e de suas colônias, com o confisco dos bens e fazendas da ordem religiosa.

1763 – O Rio de Janeiro torna-se capital do vice-reino do Brasil. Último ano em que foi cumprida a cota anual de cem arrobas de ouro devida em *quintos* à *coroa* portuguesa.

1764 – Nascimento de Manuel Ferreira da Câmara Bethencourt e Sá em Itacambira, então paróquia pertencente à Comarca do Serro Frio, da Capitania das Minas Gerais.

1771 – A *coroa* portuguesa institui o monopólio régio da extração de diamantes, regulado pelo Regimento Diamantino, o famoso Livro da Capa Verde.

1777 – Falecimento do rei Dom José I. Sua filha, Dona Maria I, é coroada rainha e substitui o até então poderoso Marquês de Pombal pelo ministro Martinho de Mello e Castro.

1783 – Os irmãos Câmara, José de Sá Accioli e Manuel Ferreira, partem para Portugal, onde ingressam na Universidade de Coimbra.

1785 – A rainha Dona Maria I proíbe a instalação de manufaturas e indústrias no Brasil.

1788 – Manuel Ferreira é aprovado bacharel em Filosofia e Leis, com louvor, pela Universidade de Coimbra.

1789 – Inicia-se a Revolução Francesa, abalando as monarquias européias. Em Minas Gerais, a Inconfidência Mineira é duramente reprimida. Em Lisboa, o *ilustrado* Manuel Ferreira é admitido na Academia Real de Ciências.

1790 – Chefiada por Manuel Ferreira, uma missão científica, também integrada por José Bonifácio de Andrada e patrocinada pela *coroa* portuguesa, começa por Paris as viagens de estudos pela Europa.

1791 – Manoel Ferreira, matrícula número 382, e José Bonifácio, matrícula 383, tornam-se os dois primeiros alunos sul-americanos da Bergakademie Freiberg, hoje Technische Universität Bergakademie Freiberg, na Alemanha. De lá, eles partem para visitas a fábricas e minas na Itália, Romênia, Sérvia, Hungria e Inglaterra.

1792 – Tiradentes, o alferes José Joaquim da Silva Xavier, é executado no Rio de Janeiro.

1798 – De volta a Portugal, o "metalurgista de profissão" Manuel Ferreira é incumbido da elaboração de um novo regimento para a mineração. Em Salvador, a Conjuração Baiana é reprimida antes do levante planejado.

1800 – Manuel Ferreira é nomeado intendente Geral das Minas e dos Diamantes e volta para o Brasil, mas não é empossado.

1803 – Decreto régio estabelece o novo regimento da mineração, o Alvará das Minas, e Manuel Ferreira é nomeado pela segunda vez intendente, mas não é empossado e permanece na Bahia. Início da guerra entre a França e a Inglaterra.

1806 – O imperador francês Napoleão Bonaparte decreta o bloqueio continental contra a Inglaterra, exigindo no ano seguinte a adesão de Portugal.

1807 – Nomeado pela terceira vez, Manuel Ferreira finalmente é empossado como intendente dos Diamantes em Vila Rica, quando a família real e a *corte* já atravessavam o Atlântico em direção ao Brasil. As tropas francesas chegam a Lisboa.

1808 – O príncipe regente abre os portos brasileiros ao comércio com as nações amigas, sobretudo a Inglaterra. Decreto régio permite que a Intendência dos Diamantes destine parte de seu orçamento para a construção de uma fábrica de ferro na Comarca do Serro Frio.

1809 – O Intendente Câmara inicia a construção do alto-forno da Real Fábrica de Ferro do Morro do Gaspar Soares, na atual cidade de Morro do Pilar. O líder garimpeiro Isidoro é finalmente preso e morre no Tijuco depois de barbaramente torturado.

1810 – A *coroa* autoriza a construção da Real Fábrica de Ferro de São João do Ipanema, em Iperó, São Paulo, cuja primeira corrida bem-sucedida de ferro no alto-forno ocorreria em 1818, sob a direção do metalurgista Frederico Luiz Guilherme de Varnhagen.

1811 – O futuro barão Wilhelm Ludwig von Eschwege inicia a implantação da usina A Patriótica em Congonhas do Campo, Comarca de Vila Rica. Usando tecnologia mais simples, de pequenos fornos, a fábrica começa a produzir ferro no ano seguinte.

1815 – A França é derrotada pela Inglaterra na Batalha de Waterloo. O Brasil é elevado à categoria de Reino Unido de Portugal e Algarves. O Intendente Câmara chega ao Tijuco com as primeiras barras de ferro produzidas no alto-forno da fábrica de Morro do Pilar.

1816 – Com a morte da rainha, o filho Dom João é coroado rei, mas a aclamação ocorre apenas em 1818. O Intendente Câmara é nomeado desembargador graduado da Casa de Suplicação e conselheiro honorário do Conselho da Real Fazenda.

1820 – Início da Revolução Constitucionalista no Porto, em Portugal, que logo chega ao Brasil.

1821 – Encarregadas da elaboração da Constituição, as Cortes Gerais exigem o juramento antecipado de Dom João VI à futura Carta Magna e o seu retorno a Portugal. No Tijuco, senhores principais mobilizam a população em apoio às Cortes Gerais e questionam o Regimento Diamantino.

1822 – Decretos recolonizadores das Cortes Gerais são contestados, culminando com a declaração de Independência do Brasil. O desembargador Manuel Ferreira deixa a Intendência dos Diamantes no Tijuco e é escolhido membro do Conselho de Procuradores das Províncias, no Rio de Janeiro.

1823 – Deputado pela província de Minas Gerais, o ex-intendente chega à presidência da Assembleia Constituinte instalada naquele ano, mas logo dissolvida pelo imperador Dom Pedro I. Os irmãos Andradas são presos e deportados, enquanto o ex-deputado retorna para a Bahia.

1824 – O imperador outorga a primeira Constituição brasileira e Manuel Ferreira é eleito senador vitalício pelas províncias da Bahia e Minas Gerais. Embora mais votado na lista tríplice mineira, ele é preterido e toma posse apenas em 1827. Revolta separatista de Pernambuco – a Confederação do Equador – é reprimida.

1826 – Falecimento do rei Dom João VI e de Dona Leopoldina, imperatriz consorte de Dom Pedro I.

1830 – Alegando a idade avançada e problemas de saúde, o desembargador Manuel Ferreira pede demissão do Senado, não mais voltando ao Rio de Janeiro. Deputados exigem reformas na Constituição outorgada pelo imperador.

1831 – Acuado, Dom Pedro I abdica do trono brasileiro em favor do filho de cinco anos, Pedro, e retorna para a Europa.

Desativada, a fábrica de ferro de Morro do Pilar tem os seus bens inventariados para leilão.

1832 – O senador demissionário realiza a sua última empreitada, fundando em Salvador a Sociedade de Agricultura, Comércio e Indústria da Província da Bahia.

1834 – Dom Pedro vence o irmão, Dom Miguel, na guerra civil pelo trono português, garantindo a coroa para a filha, Dona Maria II. Falecimento de Dom Pedro.

1835 – Falecimento de Manuel Ferreira da Câmara Bethencourt e Sá em Salvador, aos 71 anos.

BIBLIOGRAFIA CONSULTADA

LIVROS

AUTOS da Devassa da Inconfidência Mineira. Brasília – Belo Horizonte: Câmara dos Deputados/Governo do Estado de Minas Gerais, 1976.

BASTOS, Humberto, *A Conquista Siderúrgica do Brasil*. São Paulo: Livraria Martins Fonte, 1957.

CALDEIRA, Jorge. *A Nação Mercantilista*. São Paulo: Editora 34. 1999.

COLEÇÃO de Leis do Brasil. *Decisões de 1808*. Rio de Janeiro, Typographia Nacional, 1891.

COSTA, Joaquim Ribeiro. *Toponímia de Minas Gerais*. Belo Horizonte: BDMG Cultural, 1997.

COUTO, José Vieira. *Memórias sobre a Capitania das Minas Gerais: seu Território, Clima e Produções Metalúrgicas*. Estudo Crítico, transcrição e pesquisa histórica por Júnia Furtado. Belo Horizonte: Fundação João Pinheiro, 1994.

FERREIRA, Rodrigo de Almeida. *O descaminho de diamantes – relação de poder e sociabilidade na demarcação diamantina no período do contrato (1740-1771)*. Belo Horizonte: FUMARC, São Paulo: Letra & Voz, 2009.

FIGUEIREDO, Lucas – 3ª edição – *Boa ventura!, A corrida do ouro no Brasil (1697/1810): a cobiça que forjou um país, sustentou Portugal e inflamou o mundo*. Rio de Janeiro: Record, 2011.

FURTADO, Júnia. *O Livro da Capa Verde*. São Paulo: Annablume Editora, 1996.

FURTADO, Júnia. *Chica da Silva e o Contratador de Diamantes – O outro lado do mito*. São Paulo: Companhia das Letras, 2003.

GOMES, Laurentino. *1808: como uma rainha louca, um príncipe medroso e uma corte corrupta enganaram Napoleão e mudaram a História de Portugal e do Brasil*. São Paulo: Editora Planeta do Brasil, 2007.

GOMES, Laurentino. *1822: como um homem sábio, uma princesa triste e um escocês louco por dinheiro ajudaram Dom Pedro a criar o Brasil, um país que tinha tudo para dar errado*. Rio de Janeiro: Nova Fronteira, 2010.

JÚNIOR, Augusto de Lima. *História dos Diamantes nas Minas Gerais*. Rio de Janeiro: Editora Dois Mundos, 1945.

LUSTOSA, Isabel. *O nascimento da imprensa no Brasil*. Rio de Janeiro: Editora Jorge Zahar, 2003.

MACHADO FILHO, Aires da Mata. *Arraial do Tijuco, cidade de Diamantina*. Belo Horizonte: Itatiaia, 1980.

MATTOS, Antônio Vieira. *Indagações e Notícias sobre o Morro do Gaspar Soares*. Diamantina: Estrela Polar, 1921.

MAWE, John. *Viagens ao interior do Brasil*. Belo Horizonte: Itatiaia, 1978.

MENDONÇA, Marcos Carneiro – 2ª edição – *O Intendente Câmara*. São Paulo: Companhia Editora Nacional, 1958.

MORAIS, Geraldo Dutra. *História de Conceição do Mato Dentro*. Belo Horizonte: Biblioteca Mineira de Cultura: 1942.

NEVES, Osias Ribeiro; CAMISASCA, Marina Mesquita. *Aço Brasil: uma viagem pela indústria do aço*. Belo Horizonte: Escritório de Histórias, 2013.

NOGUEIRA, Dely Coelho. *Morro do Pilar, Berço da Siderurgia Brasileira*. Belo Horizonte, edição do autor.

PIMENTA, Demerval José. *Implantação da Grande Siderurgia em Minas Gerais*. Belo Horizonte: Universidade Federal de Minas Gerais, 1967.

RIBEIRO, André Luis Rosa. *Família, Poder e Mito – o município de São Jorge de Ilhéus (1880-1912)*. Ilhéus: Editus, 2001.

RIBEIRO, Darcy. *O Povo Brasileiro*. São Paulo: Companhia das Letras, 1995.

SAINT, Hilare. *Viagem pelo Distrito dos Diamantes e litoral do Brasil*. Belo Horizonte: Itatiaia, 1974.

SANTOS, Joaquim Felício – 5ª edição – *Memórias do Distrito Diamantino*. Petrópolis: Editora Vozes, 1978.

SCHWARCZ, Lilia Moritz; STARLING, Heloísa Murgel – 1ª edição – *Brasil: uma biografia*. São Paulo: Companhia das Letras, 2015.

SOUZA, Maria Eremita. *Aconteceu no Serro*. Belo Horizonte: BDMG Cultural, 1999.

SPIX, J.B. von & MARTIUS, C. F. P. von. *Viagem pelo Brasil*. Belo Horizonte: Itatiaia, 1981, 2 vols.

JORNAIS E REVISTAS

O INVESTIGADOR Português em Inglaterra ou Jornal Literário, Político, &c. Londres, nº 66, vol. XVII, 1816.

SILVA, Ignácio Accioli Cerqueira. *Dos Brasileiros Distintos por Armas, Letras, Virtudes, &c*. Revista do IHGB, Rio de Janeiro, tomo VI, pág. 107, 1844.

VARELA, Alex Gonçalves. *Ciência e Patronagem: análise da trajetória do naturalista e intendente das minas Manuel Ferreira da Câmara (1808/1822)*. Revista do IHGB, nº 446, Rio de Janeiro, 2010.

TESES E ARTIGOS

ARAÚJO, Nilton de Almeida. *Pioneirismo e Hegemonia: a construção da agronomia como campo científico na Bahia (1832-1911)*. Tese de pós-graduação apresentada ao Curso de Pós-Graduação em História da Universidade Federal Fluminense. Niterói, 2010.

FONSECA, Áurea Cortes Nunes de Oliveira. *Aspectos do Desenvolvimento Regional no Recôncavo Sul Baiano – O caso do Município de Cachoeira – Bahia – Brasil*. Tese doutoral apresentada na Universidade de Barcelona. Barcelona, 2006.

IVO, Isnara Pereira. *Homens de Caminho: Trânsitos, Comércio e Cores nos Sertões da América Portuguesa – Século XVIII*. Belo Horizonte: UFMG/Departamento de História da FAFICH, 2009.

MARTINS, Décio Ruivo. *Brasileiros na Reforma Pombalina: Criando novos caminhos da Ciência entre Portugal e Brasil*. Artigo publicado no catálogo da exposição A Universidade de Coimbra e o Brasil: percurso iconobibliográfico. Imprensa da Universidade, 2012.

RODARTE, Claus Rommel. *Partidos políticos, poderes constitucionais e representação regional na 1ª Legislatura da Assembleia Geral do Império do Brasil: Minas Gerais (1826-1829)*. Tese doutoral apresentada ao Programa de Pós-Graduação em História Social do Departamento de História da Universidade de São Paulo. São Paulo, 2011.

SILVA, Luana Melo. *Negociação e Soberania: os deputados eleitos por Minas Gerais às cortes de Lisboa e sua permanência no Brasil*. Revista Latino-Americana de História. Vol. 4, n° 13, julho de 2015.

SPANGLER, Willian. *Pequeno Histórico do Intendente Câmara*. Diamantina: o autor (mimeo), 1999.

VARELA, Alex Gonçalves. *O processo de formação, especialização e profissionalização (1783-1800) do ilustrado Manuel Ferreira da Câmara*. Artigo apresentado no XXIV Simpósio Nacional de História, 2007.

Alameda nas redes sociais:
Site: www.alamedaeditorial.com.br
Facebook.com/alamedaeditorial/
Twitter.com/editoraalameda
Instagram.com/editora_alameda/

Esta obra foi impressa em São Paulo no outono de 2018. No texto foi utilizada a fonte Minion Pro em corpo 10,25 e entrelinha de 15 pontos.